메시지 | 갈라디아서
에베소서
빌립보서
골로새서
데살로니가전·후서
디모데전·후서
디도서
빌레몬서

THE MESSAGE:
Galatians
Ephesians
Philippians
Colossians
1·2 Thessalonians
1·2 Timothy
Titus
Philemon

Eugene H. Peterson

The
MESSAGE

갈라디아서
에베소서
빌립보서
골로새서
데살로니가전·후서
디모데전·후서
디도서
빌레몬서

유진 피터슨

복 있는 사람

메시지 | 갈라디아서, 에베소서, 빌립보서, 골로새서, 데살로니가전·후서,
디모데전·후서, 디도서, 빌레몬서

2019년 9월 27일 초판 1쇄 발행
2022년 2월 8일 초판 2쇄 발행

지은이 유진 피터슨
옮긴이 김순현 윤종석 이종태
감수자 김영봉
펴낸이 박종현

(주) 복 있는 사람
주소 서울특별시 마포구 연남동 246-21(성미산로23길 26-6)
전화 02-723-7183(편집), 7734(영업·마케팅) 팩스 02-723-7184
이메일 hismessage@naver.com
등록 1998년 1월 19일 제1-2280호

ISBN 978-89-6360-312-4 00230

이 도서의 국립중앙도서관 출판예정도서목록(CIP)은 서지정보유통지원시스템 홈페이지(http://
seoji.nl.go.kr)와 국가자료공동목록시스템(http://www.nl.go.kr/kolisnet)에서 이용하실 수 있습
니다. (CIP 제어번호: 2019034902)

*THE MESSAGE: Galatians, Ephesians, Philippians, Colossians,
1·2 Thessalonians, 1·2 Timothy, Titus, Philemon*
by Eugene H. Peterson

『메시지』는 유진 피터슨 The **MESSAGE** 공식 한국어판입니다.

차례

『메시지』를 읽는 독자에게

『메시지』에 독특한 점이 있다면, 현직 목사가 그 본문을 다듬었기 때문일 것이다. 나는 성경의 메시지를 내가 섬기는 사람들의 삶 속에 들여놓는 것을 내게 주어진 일차적 책임으로 받아들이고 성인 인생의 대부분을 살아왔다. 강단과 교단, 가정 성경공부와 산상수련회에서 그 일을 했고, 병원과 양로원에서 대화하면서, 주방에서 커피를 마시고 바닷가를 거닐면서 그 일을 했다. 『메시지』는 40년간의 목회 사역이라는 토양에서 자라난 열매다.

인간의 삶을 만들고 변화시키는 하나님의 말씀은, 내가 『메시지』 작업을 하는 동안 정말로 사람들의 삶을 만들고 변화시켰다. 우리 교회와 공동체라는 토양에 심겨진 말씀의 씨앗은, 싹을 틔우고 자라서 열매를 맺었다. 현재의 『메시지』를 작업할 무렵에는, 내가 수확기의 과수원을 누비며 무성한 가지에서 잘 영근 사과며 복숭아며 자두를 따고 있다는 기분이 들곤 했다. 놀랍게도 성경에는, 내가 목회하는 성도며 죄인인 사람들이 살아 낼 수 없는 말씀, 이 나라와 문화 속에서 진리로 확증되지 않는 말씀이 단 한 페이지도 없었다.

내가 처음부터 목사였던 것은 아니다. 원래 나는 교사의 길에 들어서서, 몇 년간 신학교에서 성경 원어인 히브리어와 그리스어를 가르쳤다. 남은 평생을 교수와 학자로 가르치고 집필하고 연구하며 살겠거니 생각했었다. 그러다 갑자기 직업을 바꾸어 교회 목회를 맡게 되었다.

뛰어들고 보니, 교회는 전혀 다른 세계였다. 제일 먼저 눈에 띈 차이는, 아무도 성경에 별로 관심이 없어 보인다는 점이었다. 얼마 전까지만 해도, 사람들은 내게 돈을 내면서까지 성경을 가르쳐 달라고 했는데 말이다. 내가 새로 섬기게 된 사람들 중 다수는, 사실 성경에 대해 아무것도 몰랐다. 성경을 읽은 적도 없었고, 배우려는 마음조차 없었다. 성경을 몇 년씩 읽어 온 사람들도 많았지만, 그들에게 성경은 너무 익숙해서 무미건조하고 진부한 말로 전락해 있었다. 그들은 지루함을 느낀 나머지 성경을 제쳐 둔 상태였다. 그 양쪽 사이에 있는 사람은 많지 않았다. 내가 가장 중요하게 여긴 일은, 성경 말씀을 그 사람들의 머리와 가슴 속에 들여놓아서, 성경의 메시지가 그들의 삶이 되게 하는 것이었다. 그러나 거기에 관심을 갖는 사람은 거의 없었다. 신문과 잡지, 영화와 소설이 그들 입맛에 더 맞았다.

결국 나는, 바로 그 사람들에게 성경의 메시지를 듣게—정말로 듣게—해주는 일을 내 평생의 본분으로 삼게 되었다. 그것이야말로 확실히 나를 위해 예비된 일이었다.

나는 성경의 세계와 오늘의 세계라는 두 언어 세계에 살고 있었다. 나는 언제나 그 두 세계가 같은 세계인 줄 알았다. 그러나 사람들은 그렇게 보지 않았다. 나는 어쩔 수 없이 "번역가"(당시에는 그런 표현을 쓰지 않았지만)가 되었다. 날마다 그 두 세계의 접경에 서서, 하나님이 우리를 창조하시고 구원하시고 치유하시고 복 주시고 심판하시고 다스리실 때 쓰시는 성경의 언어를, 우리가 잡담하고 이야기하고 길을 알려 주고 사업하고 노래 부르고 자녀에게 말할 때 쓰는 오늘의 언어로 옮긴 것이다.

그렇게 하는 동안, 성경의 원어—강력하고 생생한 히브리어와 그리스어—는 끊임없이 내 설교의 물밑에서 작용했다. 성경의 원어는 단어와 문장을 힘 있고 예리하게 해주고, 내가 섬기는 사람들의 상상력을 넓혀 주었다. 그래서 오늘의 언어 속에서 성경의 언어를 듣고, 성경의 언어 속에서 오늘의 언어를 들을 수 있게 해주었다.

나는 30년간 한 교회에서 그 일을 했다. 그러던 어느 날 (1990년 4월 30일이었다), 한 편집자가 내게 편지를 보내 왔다. 그동안 내가 목사로서 해온 일의 연장선에서 새로운 성경 번역본을 집필해 달라는 청탁의 편지였다. 나는 수락했다. 그 후 10년은 수확기였다. 그 열매가 바로 『메시지』다.

『메시지』는 읽는 성경이다. 기존의 탁월한 주석성경을 대체하기 위한 것이 아니다. 내 취지는 간단하다. (일찍이 우리 교회와 공동체에서도 그랬듯이) 성경이 충분히 읽을 수 있는 책이라는 사실을 모르는 사람들에게 성경을 읽게 해주고, 성경에 관심을 잃은 지 오래된 사람들에게 성경을 다시 읽게 해주는 것이다. 그렇다고 굳이 내용을 쉽게 하지는 않았다. 성경에는 이해하기 어려운 부분도 많이 있다. 그래서 『메시지』를 읽다 보면, 더 깊은 연구에 도움이 될 주석성경을 구하는 일이 조만간 중요하게 여겨질 것이다. 그때까지는, 일상을 살기 위해 읽으라. 읽으면서 이렇게 기도하라. "하나님, 말씀하신 대로 내게 이루어지기를 원합니다."

유진 피터슨

갈라디아서 | 머리말

종교인들이 곧잘 취하는 태도 가운데 하나는, 종교를 다른 사람들을 통제하는 수단으로 변질시켜 그들을 옴짝달싹하지 못하게 하는 것이다. 그러한 종교적 조작과 통제의 역사는 지루할 정도로 오래되었다. 종교를 그런 식으로만 이해하던 사람들이 종교로부터 벗어나는 것을 자유로 여기는 것은 당연한 노릇이다. 그러나 문제는 그 자유의 수명이 짧다는 것이다.

다소의 바울은 예수를 만난 뒤 근본적으로 전혀 다른 존재, 곧 하나님 안에서 자유의 삶을 사는 존재로 변화되어, 저 따분한 역사에 전혀 다른 장(章)을 더하려고 최선을 다하고 있었다. 예수를 만난 바울은 하나님이 사람들을 특정한 방식으로 행동하게 하는 비인격적인 힘이 아니라, 우리를 해방시켜 자유로운 삶을 살게 하는 인격적인 구원자라는 것을 알게 되었다. 하나님은 밖에서 우리를 억누르는 분이 아니라, 안에서 우리를 해방하는 분이셨다.

그것은 영광스러운 경험이었다. 바울은 자기가 만나는 사람들 누구에게나 이 자유로운 삶을 소개하고, 그 삶으로 사람들을 초대하기 시작했다. 초기에 바울은 로마 제국의 갈라디아 지역을 몇 차례 여행하면서 여러 교회를 세웠다. 그리고 몇 년 후에, 바울은 예전에 자신이 속해 있던 종파의 종교 지도자들이 그 교회들을 찾아다니면서 바울의 견해와 권위에 이의를 제기하고, 옛 방식을 다시 소개하고, 자유를 사랑하는 그리스도인들을 종교 규칙과 규정이라는 울타리에 가두고 있다는 소식을 들었다.

바울이 노발대발한 것은 당연한 일이었다. 그는 옛날 방식의 옹호자들이 강압적인 종교 수단을 소개하고, 그리스도인들을 위협하여 예수 안에 있는 자유로운 삶을 포기하게 한 것에 분노했다. 또한 그는 그러한 위협에 넘어간 그리스도인들에게도 분노했다. 그는 자신의 생각을 말하는 것에 조금의 거리낌도 없었다.

여러분은 이 어리석은 짓을 계속하렵니까? 정신 나간 사람만이 하나님께서 시작하신 일을 자신의 힘으로 성취할 수 있다고 생각합니다. 여러분은 그 일을 시작할 만큼 슬기롭거나 강하지도 못하면서, 어찌 그 일을 성취할 수 있다고 생각합니까? 여러분이 그토록 고통스러운 학습 과정을 거친 것이 다 허사였다는 말입니까? 아직 완전히 허사가 되어 버린 것은 아닙니다만, 계속 이런 식이라면 분명 허사가 되고 말 것입니다!(갈 3:2-4)

바울은 갈라디아에 있는 여러 교회에 편지를 보내어 그 교회들이—그리고 우리가—처음 가졌던 자유를 회복하도록 돕는다.

> 자유롭게 살되, 하나님의 영이 이끌고 북돋아 주시는 대로 사십시오. 그러면 여러분은 이기심이라는 욕망에 휘둘리지 않게 될 것입니다.…… 성령이 이끄시는 삶을 선택하여, 율법이 지배하는 변덕스런 욕망의 삶에서 빠져나오십시오(갈 5:16-18).

또한 그의 편지는, 하나님께서 선물로 주시는 자유의 본질이 무엇인지 우리에게 가르친다. 그것은 정말로 필요한 지침이라고 하지 않을 수 없다. 자유는 미묘하고 민감한 선물이라서 자칫 오해되거나 악용될 수 있기 때문이다.

갈라디아서

1 ¹⁻⁵ 나 바울과 이곳에 있는 믿음의 동료들은, 갈라디
아에 있는 여러 교회에 문안합니다. 내가 이렇게 편
지를 보낼 수 있는 권한은, 사람들의 합의나 윗사람들의 임
명에서 온 것이 아닙니다. 그것은 메시아 예수와 그분을 죽
은 자들 가운데서 살리신 아버지 하나님께 직접 받은 것입
니다. 나는 하나님께로부터 임명받은 사람입니다. 그러므로
나는 다음과 같은 말로 여러분에게 문안합니다. 은혜와 평
화가 여러분에게 있기를 바랍니다! 우리는 이 말이 무엇을
의미하는지 잘 압니다. 예수 그리스도께서 우리 죄를 대속
하기 위해 자기 몸을 제물로 바치시고, 우리가 사는 이 악한
세상에서 우리를 건져 주셨기 때문입니다. 우리 모두가 이
구원을 경험하는 것, 그것이 바로 하나님의 계획입니다. 하

나님께 영광이 영원무궁토록 있기를 바랍니다! 참으로 그
렇게 되기를!

다른 메시지는 없습니다

6-9 나는 여러분의 변덕이 믿기지 않습니다. 그리스도의 은
혜로 여러분을 불러 주신 그분을 그렇게도 쉽게 배반하고
다른 메시지를 받아들이다니요! 여러분도 알다시피, 그것
은 사소한 차이 정도가 아닙니다. 그것은 완전히 다른 메시
지, 이질적인 메시지, 메시지라고 할 수도 없는 것, 하나님
에 관한 거짓말이기 때문입니다. 이처럼 여러분 사이에서
동요를 일으키는 자들이 그리스도의 **메시지**를 왜곡하고 있
습니다. 단도직입적으로 말하겠습니다. 우리 가운데 어떤
사람이, 심지어 하늘에서 온 천사일지라도, 우리가 처음 전
한 **메시지**와 다른 것을 전한다면, 그는 저주를 받아 마땅합
니다. 전에 말씀드렸고 이제 다시 말씀드리지만, 아무리 유
명하고 자격이 대단한 사람이라도 여러분이 처음 받은 **메시
지**와 다른 것을 전하는 사람이 있다면, 그는 저주를 받아 마
땅합니다.

10-12 내가 이처럼 강경하게 말하는 것이 사람들을 조종하려
는 것이겠습니까? 혹은 하나님의 환심을 사려는 것이겠습
니까? 아니면 대중의 박수를 얻으려는 것이겠습니까? 대중
의 인기를 얻는 것이 나의 목표라면, 나는 그리스도의 종이
되려고 애쓰지 않을 것입니다. 이것을 알아야 합니다. 친구

여러분, 아주 단호하게 말씀드립니다. 내가 여러분에게 전한 이 위대한 **메시지**는 그저 인간의 낙관론이 아닙니다. 그것은 내가 전통으로 물려받은 것도 아니고, 어떤 학파로부터 배운 것도 아닙니다. 나는 그것을 하나님께로부터 직접 받았습니다. 나는 그 **메시지**를 예수 그리스도께로부터 직접 받았습니다.

13-16 여러분은 내가 전에 유대인의 방식대로 살 때 어떻게 행동했었는지 이야기를 들었을 것입니다. 그 당시 나는 하나님의 교회를 박해하는 일에 전력을 다했습니다. 나는 하나님의 교회를 철저히 파괴하려고 했습니다. 내 조상의 전통을 지키는 일에 어찌나 열성을 다했던지, 그 면에서 나는 내 동료들보다 훨씬 앞서 있었습니다. 그러나 그때에도 하나님은 나를 향한 계획을 가지고 계셨습니다. 내가 아직 모태에 있을 때, 그분은 너그럽게도 나를 택하시고 불러 주셨습니다! 그분은 내게 개입하시고 자기 아들을 나타내 보이셔서, 나로 하여금 기쁜 마음으로 그 아들을 이방인들에게 알리게 하셨습니다.

16-20 나는 부르심을 받자마자—내 주위의 누구와도 상의하지 않고, 나보다 먼저 사도가 된 사람들과 의논하러 예루살렘으로 올라가지도 않고—곧장 아라비아로 갔습니다. 그리고 얼마 후 다마스쿠스로 되돌아갔고, 삼 년 후에 베드로와 함께 내가 전하는 이야기를 서로 비교해 보려고 예루살렘으로 올라갔습니다. 내가 예루살렘에 머문 기간은 고작 보름

정도였으나, 거기서 지낸 시간은 정말 대단했습니다. 나는
우리 주님의 동생 야고보만 만났을 뿐 다른 사도들은 구경
도 못했습니다. (내가 여러분에게 하는 이 말은 절대로 거짓말
이 아닙니다.)

21-24 그 후에 나는 시리아와 길리기아에서 사역을 시작했습
니다. 그렇게 시간을 보내며 활동한 뒤에도, 나는 유대에 있
는 그리스도의 교회들에 얼굴이 알려지지 않았습니다. 그저
"전에 우리를 박해하던 사람이 이제는 자기가 없애 버리려
던 그 메시지를 전하고 있다"는 소문만 떠돌 뿐이었습니다.
그들이 나에 대해 보인 반응은, 나로 인해 하나님을 알아보
고 그분을 경배한 것이었습니다!

내 중심은 더 이상 내가 아닙니다

2 1-5 첫 번째 방문이 있고 십사 년이 지나서, 바나바와
나는 디도를 데리고 예루살렘으로 올라갔습니다. 내
가 예루살렘으로 간 것은, 내가 계시받은 것을 그들에게 분
명히 설명하기 위해서였습니다. 그때 나는 이방인들에게 무
엇을 전했는지 그들에게 정확하게 설명했고, 교회에서 존경
받는 지도자들에게도 따로 설명했습니다. 그것은 우리의 일
이, 유대인과 이방인 사이의 관계 문제로 인해 오명을 얻게
되거나, 공공연한 쟁점이 되는 것을 막기 위해서였습니다.
그러지 않으면, 자칫 여러 해에 걸쳐 이루어진 나의 활동이
훼손되고, 현재 진행되고 있는 나의 사역이 위험에 처할 수

도 있었기 때문입니다. 유대인이 아닌 디도가 할례를 강요
받지 않았다는 사실에 유념하십시오. 우리가 협의하고 있는
중에 그리스도인인 척하는 첩자들이 침투한 일이 있었습니
다. 그들은 참된 그리스도인들이 어떤 자유를 누리는지 엿
보려고 슬그머니 끼어든 자들이었습니다. 그들의 저의는 우
리를 꾀어 자신들의 종으로 삼으려는 것이었습니다. 그러나
우리는 그들을 거들떠보지도 않았습니다. 여러분을 위해 메
시지의 진리를 지키기로 결심했기 때문이었습니다.

6-10 교회 안에서 중요 인사로 여겨지는 사람들이 어떤 평판
을 받든, 나는 아무 관심이 없습니다. 하나님은 사람의 겉모
습에 감동하지 않으시며, 나 또한 그러합니다. 그 지도자들
은 내가 줄곧 전한 메시지에 어떤 것도 덧붙이지 못했습니
다. 하나님께서 베드로가 유대인들에게 전한 것과 똑같은
메시지를 내게 맡겨 주셔서 이방인들에게 전하게 하셨다는
사실이 조만간 드러났습니다. 교회의 기둥인 야고보와 베드
로와 요한은 하나님께서 나를 부르셨음을 알고서, 나와 바
나바에게 손을 내밀어 악수하고, 우리에게는 이방인들을 상
대로 하는 사역을 맡기고, 자신들은 계속해서 유대인들에게
나아가기로 했습니다. 그들이 우리에게 한 가지 당부한 것
은, 가난한 사람들을 기억해 달라는 것이었습니다. 그것은
내가 이미 열심히 하고 있던 일이었습니다.

11-13 그 후에 베드로가 안디옥에 왔을 때, 나는 그와 정면으
로 맞선 적이 있습니다. 그가 분명하게 잘못한 일이 있었기

때문입니다. 이야기는 이렇습니다. 베드로는 야고보가 보낸 몇몇 사람들이 오기 전만 해도, 식사 때마다 이방인들과 함께 식사를 했습니다. 그러나 예루살렘에서 보수적인 사람들이 오자, 그는 슬그머니 뒤로 물러나, 할 수 있는 한 이방인 동료들과 거리를 두었습니다. 그는 할례라는 옛 방식을 강요해 온 유대 보수파를 두려워했던 것입니다. 안타깝게도, 안디옥 교회에 있던 나머지 유대인들도 그런 위선에 동조했고, 바나바까지도 그런 수작에 휩쓸리고 말았습니다.

14 나는 그들이 **메시지**를 따라 한결같이 바른 길을 걷지 않는 것을 보고, 그들 모두가 보는 앞에서 베드로에게 이렇게 말했습니다. "당신은 예루살렘에서 파견된 감시인들이 보지 않을 때는 유대인이면서도 이방인처럼 살더니, 이제는 예루살렘에서 온 당신의 옛 동료들에게 좋은 인상을 주려고 이방인에게 유대인의 관습을 강요하는군요. 도대체 무슨 권한으로 그렇게 하는 것입니까?"

15-16 우리가 유대인이기는 하지만 "죄인인 이방인"보다 태생적으로 우월한 것은 아니라는 것을 우리는 압니다. 우리는 율법을 지킴으로써 하나님과 올바른 관계가 되는 것이 아니라, 오직 예수 그리스도를 직접 믿음으로써 하나님과 올바른 관계가 되는 것임을 잘 알고 있습니다. 어떻게 압니까? 우리가 그것을 시험해 보았기 때문입니다. 우리는 이 세상에서 가장 훌륭한 율법 체계를 가지고 있습니다! 그러나 우리는 누구도 자기 개선을 통해서는 하나님을 기쁘시게

해드릴 수 없음을 깨닫고, 예수를 메시아로 믿었습니다. 자기 힘으로 선한 사람이 되려고 애쓰기보다는, 메시아를 믿음으로 하나님과 올바른 관계에 들어가게 되었습니다.

17-18 혹시 우리가 아직 완전한 사람이 아니라는 것을 눈치챘습니까? (그리 놀랄 일도 아닙니다.) 나처럼 그리스도를 통해 하나님과 바른 관계를 맺으려는 사람들이 덕을 완전히 갖추지 못했다는 이유로, 그리스도는 죄의 방조자임에 틀림없다고 비난하시렵니까? 그런 비난은 섣부른 것입니다. 내가 "자기 힘으로 선한 사람이 되려고" 한다면, 그것은 전에 헐어 버린 낡은 헛간을 다시 세우는 셈이 되고, 사기꾼처럼 행동하는 꼴이 되고 말 것입니다.

19-21 실제로 일어난 일을 말하자면 이렇습니다. 나는 율법을 지키려고 애쓰고 하나님을 기쁘시게 해드리려고 고심했지만, 뜻대로 되지 않았습니다. 그래서 나는 "율법의 사람"이 되기를 포기했습니다. 그것은 "하나님의 사람"이 되기 위해서였습니다. 그리스도의 삶이 내게 방법을 일러 주었고, 그렇게 살도록 해주었습니다. 나는 그리스도와 나를 완전히 동일시했습니다. 정말로 나는 그리스도와 함께 십자가에 못 박혔습니다. 이제 내 자아는 더 이상 내 중심이 아닙니다. 나는 더 이상 여러분에게 의롭게 보이거나 여러분에게서 좋은 평판을 얻고 싶은 마음이 없습니다. 나는 더 이상 하나님께 좋은 평가를 얻어야 한다는 강박관념이 없습니다. 그리스도께서 내 안에서 살고 계십니다. 여러분이 보는 내 삶은

"나의 것"이 아니라, 나를 사랑하시고 나를 위해 자기 목숨을 내어주신 하나님의 아들을 믿는 믿음으로 살아가는 삶입니다. 나는 이 삶을 저버리지 않을 것입니다.

²¹ 내가 율법을 준수하거나 사람을 기쁘게 하는 종교로 되돌아간다면, 그것은 하나님과의 관계에서 인격적으로 누리는 자유를 송두리째 포기하는 일이 되지 않겠습니까? 나는 그렇게 하지 않을 것입니다. 나는 하나님의 은혜를 거부하지 않을 것입니다. 하나님과의 생생한 관계가 율법을 지킴으로 이루어지는 것이라면, 그리스도는 헛되이 죽으신 것이 됩니다.

율법이 아닌 그리스도를 믿는 믿음

3

¹ 정신 나간 갈라디아 사람들이여! 누가 여러분을 홀렸습니까? 여러분은 분별력을 잃었습니까? 십자가에 달리신 예수를 삶의 중심에 놓지 않고 있음이 분명하니, 여러분은 제정신이 아닌 것이 틀림없습니다. 십자가에 달리신 그분의 모습이 여러분의 눈에 선할 텐데, 어찌 그럴 수 있습니까?

²⁻⁴ 여러분에게 한 가지 묻겠습니다. 여러분의 새 삶이 어떻게 시작되었습니까? 하나님을 기쁘시게 해드리기 위해 죽도록 노력함으로써 시작되었습니까? 아니면 여러분이 받은 하나님의 **메시지**에 응답함으로써 시작되었습니까? 여러분은 이 어리석은 짓을 계속하렵니까? 정신 나간 사람만이 하나님께서 시작하신 일을 자신의 힘으로 성취할 수 있다고 생

각합니다. 여러분은 그 일을 시작할 만큼 슬기롭거나 강하
지도 못하면서, 어찌 그 일을 성취할 수 있다고 생각합니까?
여러분이 그토록 고통스러운 학습 과정을 거친 것이 다 허사
였다는 말입니까? 아직 완전히 허사가 되어 버린 것은 아닙
니다만, 계속 이런 식이라면 분명 허사가 되고 말 것입니다!

5-6 대답해 보십시오. 하나님께서 여러분에게 자신의 임재,
곧 성령을 아낌없이 주셔서 여러분 스스로는 결코 할 수 없
는 일을 하게 하신 것이, 여러분의 부단한 도덕적 열심 때문
입니까, 아니면 여러분 안에서 그 모든 일을 행하시는 그분
을 믿어서입니까? 이 모든 일이 여러분에게서 일어난 것은
아브라함의 경우와 같지 않습니까? 그는 하나님을 믿었고,
그 믿음의 행위가 하나님과 올바른 관계를 유지하는 삶으로
변화된 것입니다.

7-8 (율법을 신뢰하는 사람들이 아니라!) 그리스도를 신뢰하는
사람들이야말로 아브라함처럼 믿음의 자녀인 것이 분명하
지 않습니까? 또한 성경에는, 하나님께서 이방인과도 믿음
에 근거하여 올바른 관계를 맺으실 것이라는 사실이 이미
기록되어 있습니다. 성경은 아브라함에게 "모든 민족이 네
안에서 복을 받을 것이다"라고 약속하면서, 그 사실을 미리
내다보았습니다.

9-10 그러므로 이제 믿음으로 사는 이들은 믿음으로 살았던
아브라함과 함께 복을 받습니다. 이것은 결코 새로운 가르
침이 아닙니다! 그리고 이것은 하나님을 의지하지 않고 스

스로의 힘으로 살려고 하는 사람은, 누구든지 실패할 수밖에 없음을 의미합니다. 성경은 이렇게 뒷받침합니다. "율법책에 기록된 모든 조항 가운데 하나라도 행하지 않는 자는 심한 저주를 받게 된다."

11-12 그 같은 도덕적 요구조항을 온전히 지킬 수 없다는 것은 분명합니다. 그러므로 그런 식으로는 누구도 하나님과 바른 관계를 유지할 수 없습니다. 하나님과 바른 관계를 맺고 사는 사람은, 하나님께서 마련해 주시는 일을 받아들임으로써 그런 삶을 살아갑니다. 하나님을 위해 무언가를 하는 것과, 하나님이 해주시는 일 속으로 들어가는 것은 분명히 다릅니다. 예언자 하박국이 옳았습니다. "하나님을 믿는 사람은, 하나님께서 바로잡아 주신다. 그것만이 참된 삶이다." 율법 준수는 믿음으로 사는 삶으로 자연스럽게 나아가기는커녕, 더 많은 율법 준수로 이어지게 마련입니다. 그것은 성경에 기록되어 있는 사실이기도 합니다. "이와 같은 일(율법 준수)을 하는 사람은 그 일로 살 것이다."

13-14 그리스도께서는 실패할 수밖에 없는, 저주받은 우리 삶을 온전히 자기 것으로 삼으심으로; 그 삶에서 우리를 건져 주셨습니다. 여러분은 "나무에 달린 자는 모두 저주를 받은 자다"라는 성경 말씀을 기억하실 것입니다. 예수께서 십자가에 못 박히실 때 바로 그런 일이 일어났습니다. 그분은 저주를 받은 자가 되셨고, 동시에 그 저주를 푸셨습니다. 그 일로 모든 장애물이 사라져, 이제 우리는 아브라함의 복이

지금도 계속되고 있으며, 그 복이 이방인에게도 유효하다
는 사실을 알게 되었습니다. 우리는 너나 할 것 없이 믿음으
로—아브라함이 받았던 것과 똑같은 방식으로—하나님의
생명, 곧 성령을 받을 수 있게 되었습니다.

❧

15-18 친구 여러분, 내가 말씀드리는 자유의 삶에 대해 일상
생활로부터 한 가지 예를 들어 보겠습니다. 어떤 사람이 유
언장을 법 절차에 따라 작성해 놓으면, 아무도 그것을 무효
로 하거나 거기에 무언가를 덧붙일 수 없습니다. 이제 약속
이 아브라함과 그의 후손에게 주어졌습니다. 여러분도 알다
시피, 성경은 마치 일반인 모두를 가리키는 것처럼 "후손들
에게"라고 말하지 않고, 법률 문서에서 쓰는 신중한 용어로
"네 후손에게"라고 말합니다(여기서 '후손'을 뜻하는 명사는 단
수로 쓰였습니다). 그 후손은 다름 아닌 그리스도를 가리킵니
다. 내가 말하려는 것은 이렇습니다. 하나님께서 일찍이 적
법하게 확정하신 유언을, 430년 후에 덧붙여진 부록이 그
유언의 약속을 무효로 하여 파기할 수 없습니다. 절대로 그
릴 수 없습니다. 부록에 명시된 계명들과 규정들은, 유언에
약속된 유산과는 아무 관계가 없습니다.
18-20 그렇다면 율법, 곧 부록의 취지는 무엇일까요? 율법
은 아브라함에게 주신 처음 약속에 덧붙여진 것으로, 사
려 깊은 배려였습니다. 율법의 의의는 (후손이신) 그리스

도께서 오셔서 약속을 물려받으시고, 그 약속을 우리에게 나눠 주실 때까지 죄인들을 구원의 길에 붙잡아 두는 데 있습니다. 이 율법이 하나님과의 직접적인 만남의 결과가 아니라는 점은 분명합니다. 그것은 천사들을 통해 중개자인 모세의 손을 거쳐 제정되었습니다. 그런데 시내 산에서처럼 중개자가 있다면, 사람들이 하나님과 직접 교제하는 것은 아니지 않습니까? 믿음으로 받는, 복에 관한 첫 약속은 하나님이 직접 주신 것입니다.

21-22 그렇다면 율법은 약속과 반대되는 것, 곧 우리를 향하신 하나님의 뜻과 반대되는 것일까요? 결코 그렇지 않습니다. 율법의 취지는, 우리 스스로는 하나님과 올바른 관계를 맺을 수 없음을 모든 사람에게 분명히 알리는 것입니다. 하나님께서 자신의 약속을 성취하실 때까지 믿음으로 기다림으로써만 얻을 수 있는 것을, 우리 스스로의 노력으로 얻겠다고 종교 체계를 고안해 내는 것이 얼마나 쓸데없는 짓인지 드러내 보이는 데 있습니다. 율법을 준수해서 우리 안에 생명을 창조할 능력이 있었다면, 우리는 벌써 생명을 얻고도 남았을 것입니다.

23-24 우리가 충분히 성숙해져서 살아 계신 하나님께 믿음으로 흔쾌히 응답하기까지, 우리는 모세의 율법에 세심하게 둘러싸여 보호받을 수밖에 없었습니다. 율법은 여러분이 잘 아는, 그리스의 가정교사와 같습니다. 아이들을 학교까지 바래다주고, 아이들이 위험에 빠지거나 산만해지지 않도록

지켜 주고, 목적지까지 안전하게 도착하도록 도와주는 가정
교사 말입니다.

25-27 그러나 이제 여러분은 여러분의 목적지에 이르렀습니다. 여러분은 그리스도를 믿음으로, 하나님과 직접 사귀게 되었습니다. 여러분이 그리스도 안에서 받은 세례는 새 출발을 할 수 있도록 깨끗해지는 것에서 끝나지 않습니다. 세례는 또한 성숙한 신앙의 옷을 입는 것을 의미합니다. 그 옷은 다름 아닌 그리스도의 생명, 곧 하나님께서 처음 하신 약속의 성취입니다.

그리스도 안에는 차별이 없다

28-29 그리스도의 집안에는 유대인이나 이방인이나, 자유인이나 종이나, 남자나 여자나 차별이 없습니다. 우리 사이에서 여러분은 모두 평등합니다. 다시 말해, 우리는 다 함께 예수 그리스도와 관계를 맺고 있는 사람들입니다. 또한 여러분은 그리스도와 한가족이니, 바로 여러분이 아브라함의 "후손"이며, 언약의 약속에 따른 상속자입니다.

4 1-3 이 말이 무슨 뜻인지 말씀드리겠습니다. 상속자가 미성년일 때는 종보다 나을 것이 없습니다. 그는 법적으로는 모든 유산의 주인이지만, 아버지가 정해 놓은 자유의 때까지는 가정교사나 유산 관리인의 지배를 받아야

합니다. 우리도 마찬가지입니다. 우리도 어릴 때에는 유치한 교훈(이 세상의 가정교사와 유산 관리인)에 둘러싸여 종처럼 명령을 받았습니다. 스스로 행동을 결정할 권한이 없었습니다.

4·7 그러나 정하신 때가 차자, 아버지 하나님은 자기 아들을 보내셔서 우리와 마찬가지로 여자에게서 태어나게 하시고 율법의 제약을 받게 하셨습니다. 그것은 율법에 사로잡힌 우리와 같은 사람들을 건지시기 위해서였습니다. 그 결과로, 우리는 자유인이 되어 정당한 상속자의 권리를 누릴 수 있게 되었습니다. 이제 여러분은, 하나님의 자녀로 완전히 입양되었다고 자신 있게 말할 수 있습니다. 하나님께서 자기 아들의 영을 우리의 삶에 보내셔서 "아빠! 아버지!"라 부르도록 하셨으니 말입니다. 하나님과 친밀한 대화를 나눌 수 있는 특권을 가졌으니, 여러분은 이제 종이 아니라 자녀입니다. 그리고 자녀이면, 유산을 완전히 물려받을 수 있는 상속자이기도 합니다.

8·11 전에 여러분이 하나님을 개인적으로 알지 못하던 때에는 신성과는 아무 상관이 없는 신들에게 종 노릇했지만, 이제는 진짜 하나님을 알게 되었습니다. 아니, 하나님께서 여러분을 알아 주셨습니다. 그러니 어찌 다시 종이호랑이들에게 굽실거릴 수 있겠습니까? 그런데도 여러분은 특정한 날과 절기와 해와 관련된, 모든 전통과 금기와 미신을 두려워하며 꼼꼼히 지키더군요. 여러분과 함께 있으면서 기울인

나의 모든 수고가 연기처럼 사라질까 두려울 따름입니다!

12-13 사랑하는 친구 여러분, 내가 여러분과 함께 있을 때에 여러분의 입장에 서려고 노력했던 것처럼, 여러분도 나의 입장에 서려고 노력해 주십시오. 그때 여러분은 참으로 다감하고 친절했습니다. 여러분은 개인적으로 나에게 함부로 하지 않았습니다. 여러분도 잘 알다시피, 내가 여러분에게 **메시지**를 전하게 된 것은, 내 육체가 병들었기 때문이었습니다. 육체가 병들어 여행을 계속할 수 없게 되었고, 나는 여행을 멈추고 여러분과 함께 있지 않으면 안되었습니다. 내가 여러분에게 **메시지**를 전하게 된 것은 바로 그 때문입니다.

14-16 아픈 손님을 맞이하는 것만큼 골치 아픈 일도 없을 것입니다. 그런데도 여러분은 하나님의 천사를 대하듯 나를 대했습니다. 여러분은 마치 예수께서 친히 여러분을 방문하시기라도 한 것처럼, 나를 대하면서 예수를 대하듯 했습니다. 그런데 여러분은 그런 사실을 까마득히 잊었습니까? 그 당시 여러분이 느꼈던 그 만족은 다 어떻게 된 것입니까? 그때 여러분 가운데는 할 수만 있다면 내게 자기 눈을 **빼** 주려고 한 이들도 있었습니다. 그 정도로 나를 생각한 여러분이었습니다! 그런데 이제는 내가 여러분에게 진리를 말했다고 해서 갑자기 여러분의 원수가 되었다는 말입니까? 도무지 믿기지 않습니다.

17 저 이단 교사들이 여러분에게 장광설을 늘어놓으면서 아첨을 떨고 있지만, 그들은 더러운 동기에서 그렇게 하는 것

입니다. 그들은 하나님께서 은혜로이 열어 놓으신 자유의 세계를 보지 못하도록 여러분의 눈을 가려서, 자신들을 중요 인물로 돋보이게 하고 여러분으로 하여금 자신들에게서 승인과 지도를 구하게 하려는 것입니다.

18-20 선을 열심히 행하는 것은, 내가 여러분과 함께 있을 때뿐만 아니라 언제든지 좋은 일입니다. 내가 여러분과 함께 있을 때에는 나라는 사람과 내가 전한 메시지에 관심을 기울이더니, 이제는 내가 여러분을 떠났다고 관심을 기울이지 않는 것인가요? 여러분은 내가 얼마나 절절한 심정인지 아십니까? 이 심정은 그리스도의 생명이 여러분의 삶 속에서 드러날 때까지 계속 이어질 것입니다. 나는 지금 산고를 겪는 어머니와 같은 심정입니다. 오, 여러분과 함께 있다면 좋겠습니다. 그렇다면 이렇게 좌절감에서 터져 나온 냉담한 편지 형식의 글을 보내지 않아도 되었을 테니까요.

21-31 율법에 흠뻑 빠진 여러분, 내게 말해 보십시오. 여러분은 율법을 자세히 살펴보았습니까? 기억하겠지만, 아브라함에게는 두 아들이 있었습니다. 하나는 여종의 아들이고, 다른 하나는 자유인 여인의 아들입니다. 여종의 아들은 인간적인 묵인 아래 태어났고, 자유인 여인의 아들은 하나님의 약속으로 태어났습니다. 이것은 지금 우리가 다루고 있는 주제를 잘 설명해 줍니다. 그 두 출생 방식은 하나님과

관계를 맺는 두 가지 방식을 가리킵니다. 그중 하나는 아라
비아의 시내 산에서 생겨난 방식입니다. 그것은 지금도 예
루살렘에서 계속되고 있는 것과 일치하는 삶, 곧 끊임없이
종을 만들어 내는 종의 삶입니다. 바로 하갈의 방식입니다.
반면에, 우리 눈에 보이지 않는 예루살렘 곧 자유로운 예루
살렘이 있는데, 그 예루살렘이 바로 우리의 어머니입니다.
이는 다름 아닌 사라의 방식입니다. 이사야가 기록한 것을
기억해 보십시오.

　즐거워하여라, 아이를 낳지 못하는 여인아!
　환성을 올려라, 산고를 겪어 보지 못한 여인아!
　아이를 낳지 못하던 여인의 자녀가
　선택받은 여인의 자녀보다 훨씬 많기 때문이다.

친구 여러분, 여러분은 이삭과 같은 약속의 자녀라는 것이
분명하지 않습니까? 하갈과 사라의 시대에는, 부정한 묶인
아래 태어난 아이 이스마엘이, 신실한 약속으로—성령의
능력으로—태어난 아이 이삭을 괴롭혔습니다. 여러분이 지
금 예루살렘 출신의 이단자들에게 괴롭힘을 받는 것은 바로
그런 일의 되풀이라는 점이 분명하지 않습니까? 우리가 어
찌해야 하는지 성경은 이렇게 말하고 있습니다. "여종과 그
아들을 내쫓아라. 종의 아들은 자유인 아들과 함께 상속을
받을 수 없기 때문이다." 그렇다면 분명하지 않습니까? 우

리는 여종의 자녀가 아니라, 자유인 여인의 자녀입니다.

그리스도인의 자유

5 ¹ 그리스도께서 우리를 해방시켜 자유로운 삶을 살게 해주셨습니다. 그러니 굳게 서십시오! 그 누구도 다시 여러분에게 종의 멍에를 씌우지 못하게 하십시오!

2-3 나는 단호하게 말씀드립니다. 여러분 가운데 누군가가 할례를 받고 여타의 율법 체계에 굴복하는 순간, 그리스도께서 애써 쟁취하신 자유라는 선물은 사라지고 맙니다. 거듭해서 경고합니다. 할례의 방식을 받아들이는 사람은, 그리스도 안에서 이루어지는 자유로운 삶의 유익을 율법이라는 종의 삶의 의무로 바꾸는 자입니다.

4-6 나는 여러분이 의도한 것이라고는 생각하지 않지만, 그런 일이 실제로 일어나고 있습니다. 여러분이 종교활동에 기대어 살려고 하는 순간, 여러분은 그리스도에게서 떨어져나간 것이며, 은혜에서 떨어져 나간 것입니다. 그러나 우리는 성령과의 만족스러운 사귐을 애타게 기다리고 있습니다. 그리스도 안에서는 종교적 의무를 성실히 준수하거나 무시하거나 아무 차이가 없기 때문입니다. 중요한 것은 그보다 훨씬 내적인 것입니다. 그것은 다름 아닌 사랑으로 표현되는 믿음입니다.

7-10 여러분은 아주 잘 달리고 있었습니다! 그런데 누가 여러분의 길에 끼어들어, 여러분을 참된 복종의 길에서 멀어

지게 했습니까? 그러한 탈선은, 애초에 여러분을 경주로 불러 주신 분께로부터 온 것이 아닙니다. 이 말을 그저 한 귀로 듣고 흘려보내지 마십시오. 여러분도 알다시피, 약간의 누룩이 순식간에 반죽 전체를 부풀어 오르게 합니다. 주님은 내 마음 깊은 곳에 여러분이 변절하지 않을 것이라는 확신을 주셨습니다. 그러나 누구든지 여러분을 흔드는 자는, 하나님의 심판을 받게 될 것입니다.

11-12 내가 (다마스쿠스 길에 들어서기 전에 그랬듯이) 지금도 계속해서 할례의 방식을 전하고 있다는 소문은 터무니없는 것입니다. 만일 그렇다면, 왜 내가 지금도 박해를 받겠습니까? 내가 그 낡은 메시지를 전하면서 이따금 십자가를 언급한다면, 아무도 기분 상하지 않을 것입니다. 그처럼 물에 물탄 듯한 메시지는 아무도 상관하지 않습니다. 할례에 집착하여 여러분을 선동하는 자들은 아예 끝까지 가서 거세하는 편이 좋겠습니다!

13-15 하나님께서 여러분을 자유로운 삶으로 부르셨다는 것은 틀림없는 사실입니다. 그러나 여러분은 그 자유를 방탕한 삶을 위한 구실로 삼지 마십시오. 여러분의 자유를 망치지 마십시오. 오히려 여러분의 자유를 사랑 안에서 서로 섬기는 일에 사용하십시오. 그것이야말로 자유가 자라는 길입니다. 우리가 하나님 말씀에 대해 아는 모든 것을 한 문장으로 요약하면, "네 자신을 사랑하듯이 다른 사람을 사랑하라"는 것입니다. 이것이야말로 참된 자유의 행위입니다. 여

러분이 서로 물어뜯고 할퀴면, 얼마 못 가서 서로가 파멸할 것이니 조심하십시오. 만일 그렇게 된다면, 여러분의 값진 자유가 설 자리가 어디에 있겠습니까?

16-18 내가 드리는 조언은 이러합니다. 자유롭게 살되, 하나님의 영이 이끌고 북돋아 주시는 대로 사십시오. 그러면 여러분은 이기심이라는 욕망에 휘둘리지 않게 될 것입니다. 우리 안에는 죄스러운 이기심이 자리하고 있는데, 그것은 자유로운 영을 거스릅니다. 자유로운 영은 이기심과 양립할 수 없습니다. 그 두 가지 생활방식은 정반대입니다. 여러분은 그날그날 기분에 따라서, 어떤 때는 이렇게 살고 어떤 때는 저렇게 살 수 없습니다. 성령이 이끄시는 삶을 선택하여, 율법이 지배하는 변덕스런 욕망의 삶에서 빠져나오십시오.

19-21 여러분이 항상 자기 마음대로 살려고 할 때 여러분의 삶이 어떻게 될지는 아주 분명합니다. 사랑 없이 되풀이되는 값싼 섹스, 악취를 풍기며 쌓이는 정신과 감정의 쓰레기, 과도하게 집착하지만 기쁨 없는 행복, 껍데기 우상들, 마술 쇼 같은 종교, 편집증적 외로움, 살벌한 경쟁, 모든 것을 집어삼키지만 결코 만족할 줄 모르는 욕망, 잔인한 기질, 사랑할 줄도 모르고 사랑받을 줄도 모르는 무력감, 찢겨진 가정과 찢어진 삶, 편협한 마음과 왜곡된 추구, 모든 이를 경쟁

자로 여기는 악한 습관, 통제되지도 않고 통제할 수도 없는
중독, 이름뿐인 꼴사나운 공동체 등이 그것입니다. 더 열거
할 수도 있지만 그만하겠습니다.

여러분도 알다시피, 내가 여러분에게 경고한 것이 이번이
처음은 아닙니다. 여러분이 자신의 자유를 그런 식으로 사
용하면, 여러분은 하나님 나라를 상속받지 못할 것입니다.

²²⁻²³ 그러나 우리가 하나님의 방법대로 살면 어떤 일이 일어
날까요? 과수원에 과일이 풍성히 맺히는 것처럼, 하나님께
서 우리의 삶에 여러 가지 선물―다른 사람들에 대한 호의,
풍성한 삶, 고요함 같은 것들―을 풍성히 주실 것입니다.
또한 우리는 끝까지 견디는 마음과, 긍휼히 여기는 마음과,
사물과 사람들 속에 기본적인 거룩함이 스며들어 있다는 확
신을 갖게 될 것입니다. 우리는 충성스럽게 헌신하고, 우리
가 살아가는 방식을 강요하지 않으며, 우리의 에너지를 슬
기롭게 모으고 관리할 수 있을 것입니다.

²³⁻²⁴ 율법주의는 이와 같은 삶을 자라게 하는 데 아무 도움
이 되지 않습니다. 그저 방해만 될 뿐입니다. 그리스도께 속
한 사람들에게는, 자기 마음대로 사는 삶이나 남들이 필요
하다고 말하는 것에 부화뇌동하는 삶이 영원히 끝났습니다.
그들은 그런 삶을 십자가에 못 박았습니다.

²⁵⁻²⁶ 이것이 우리가 선택한 삶, 곧 성령의 인도를 받는 삶이
니, 그 삶을 그저 머릿속 사상이나 마음속 감정으로 여기지
말고, 그 삶에 담긴 뜻을 우리 삶 구석구석에 힘써 적용하십

시오. 마치 우리 가운데 누구는 더 낫고 누구는 모자라기라도 한 것처럼 비교하지 말아야 한다는 뜻입니다. 우리에게는 살면서 해야 할 훨씬 흥미로운 일들이 많습니다. 우리는 저마다 하나님의 독특한 작품입니다.

십자가만 자랑하는 삶

6 ¹⁻³ 친구 여러분, 창조적으로 사십시오! 누군가가 죄에 빠지거든 너그러운 마음으로 그를 바로잡아 주고, 여러분 자신을 위해 비판의 말을 아끼십시오. 여러분도 하루가 가기 전에 용서가 필요하게 될지 모르기 때문입니다. 눌린 사람들에게 몸을 굽혀 손을 내미십시오. 그들의 짐을 나누어 짐으로써, 그리스도의 법을 완성하십시오. 자신이 너무 잘나서 그런 일을 할 수 없다고 생각한다면, 여러분은 대단한 착각에 빠진 것입니다.

⁴⁻⁵ 여러분 자신이 어떤 사람이며 여러분에게 맡겨진 일이 무엇인지 조심스럽게 살핀 다음에, 그 일에 몰두하십시오. 우쭐대지 마십시오. 남과 비교하지 마십시오. 여러분은 저마다 창조적으로 최선의 삶을 살아야 할 책임이 있습니다.

⁶ 여러분이 스스로 설 수 있을 만큼 성숙해진 것은 훈련을 받았기 때문인데, 여러분은 여러분을 훈련시킨 사람들과 넉넉한 마음으로 삶을 공유해야 합니다. 여러분이 소유한 것이든 경험한 것이든, 온갖 좋은 것을 함께 나누어야 합니다.

⁷⁻⁸ 착각하지 마십시오. 어느 누구도 하나님을 속일 수 없습

니다. 사람은 심은 대로 거두게 마련입니다. 다른 사람의 사정은 아랑곳하지 않고—하나님을 무시하고!—이기심을 심는 사람은 잡초를 거둘 것입니다. 그런 사람은 자기만을 위해 살면서 온통 잡초만 키워 낼 것입니다! 그러나 하나님께 대한 응답으로 심고, 그것을 키우는 일을 하나님의 영에게 맡기는 사람은 참된 삶, 곧 영생이라는 알곡을 거둘 것입니다.

9-10 그러니 선을 행하되 지치지 마십시오. 포기하거나 중단하지 않으면, 때가 되어 좋은 알곡을 거둘 것입니다. 그러므로 이제 기회 있을 때마다 모든 사람의 유익을 위해 힘쓰십시오. 믿음의 공동체 안에 있는 가까운 사람들에게부터 그 일을 시작하십시오.

11-13 마지막으로, 나는 내가 여러분에게 말씀드린 것이 얼마나 중요한지 강조하기 위해 이렇게 굵은 글씨로 손수 씁니다. 할례의 방식을 여러분에게 강요하려는 자들에게는 오직 한 가지 동기밖에 없습니다. 그들은 손쉬운 방법으로 남들 앞에서 좋게 보이려고 할 뿐, 믿음으로 살겠다는 용기, 곧 그리스도의 고난과 죽음에 참여할 용기는 없습니다. 그들이 율법에 대해 하는 말은 모두 헛소리에 불과합니다. 정작 그들 자신은 율법을 지키지 않습니다! 그들은 율법을 준수할 때에도 지극히 자의적으로 취사선택합니다. 그들이 여러분에게 할례를 받게 하려는 것은, 여러분을 자기편으로 끌어들여 자신들의 성공을 자랑하려는 것입니다. 비열한 행동이 아닐 수 없습니다!

14-16 그러나 나는 우리 주 예수 그리스도의 십자가만을 자랑하겠습니다. 그 십자가로 말미암아 나는 이 세상에 대해 십자가에 못 박혔고, 남을 기쁘게 하거나 남이 지시하는 하찮은 방식에 나를 끼워 맞추려는 숨 막히는 분위기에서 벗어났습니다. 여러분은 이 모든 일의 핵심이 무엇인지 알겠습니까? 그것은 할례를 받거나 안 받거나 하는 일과 같이, 여러분과 내가 하는 일에 있지 않습니다. 핵심은 하나님께서 지금 하고 계신 일에 있습니다. 그분은 완전히 새로운 것, 곧 자유로운 삶을 창조하고 계십니다! 이 기준에 따라 사는 사람은 누구나 하나님의 참 이스라엘, 곧 하나님이 택하신 백성입니다. 이들에게 평화와 긍휼이 있기를 바랍니다!

17 아주 솔직히 말씀드리자면, 나는 더 이상 이런 말다툼에 시달리고 싶지 않습니다. 내게는 해야 할 훨씬 중요한 일이 있습니다. 이 믿음으로 진지하게 사는 것입니다. 내 몸에는 예수를 섬기다가 얻은 상처 자국이 있습니다.

18 친구 여러분, 우리 주 예수 그리스도께서 값없이 주시는 은혜가 여러분 각 사람 깊은 곳에 있기를 바랍니다. 아멘!

에베소서 | 머리말

하나님을 아는 것과 하나님을 섬기는 것이 우리 삶에서 따로 놀 때가 있다. 우리는 온전한 인간으로 살아가도록 창조되었지만, 믿음과 행함의 유기적인 일치가 깨어지는 순간, 온전한 인간으로 살아갈 수 없게 된다.

에베소 교우들에게 보낸 바울의 편지는 죄로 난파된 세상에서 깨어진 모든 것을 두루 봉합한다. 바울은 먼저 그리스도인들이 하나님에 대해 믿는 내용을 의욕적으로 파고든다. 그런 다음에 복합골절을 능숙하게 맞추는 외과의처럼, 하나님을 믿는 믿음과 하나님 앞에서 살아가는 우리의 삶, 곧 믿음과 행위를 서로 짜 맞추고 치료한다. 그러나 바울은 자신의 작업에 한계가 있음을 깨닫고는, 편지를 쓰는 동시에 하나님께 기도하며 이렇게 간구한다.

우리 주 예수 그리스도의 하나님, 영광의 하나님께서 여러분에게 이해력과 분별력을 주셔서, 하나님을 친히 알게 하시고 여러분의 눈을 맑고 또렷하게 해주시기를 구합니다. 그리하여 하나님께서 무엇을 하라고 부르시는지, 여

러분이 정확히 볼 수 있기를 바랍니다. 또한 하나님께서
그분을 따르는 이들을 위해 마련해 두신 이 영광스러운
삶의 방식이 얼마나 대단한 것인지, 오, 하나님께서 그분
을 믿는 우리 안에서 끊임없는 에너지와 한없는 능력으로
행하시는 역사가 얼마나 풍성한지를 이해할 수 있기를 구
합니다!(엡 1:17-19)

일단 이렇게 깨어진 모습에 주목하고 나면, 우리 도처에 만
연한 균열과 분열이 보이기 시작한다. 우리 몸에서 상처 입
지 않은 뼈는 하나도 없다. 마을이나 직장, 학교나 교회, 가
정이나 국가에서 깨어지거나 어그러지지 않은 관계를 찾
아보기 어려울 정도다. 손댈 곳, 짜 맞출 곳이 한두 군데가
아니다.

그런 이유로 바울은 일을 시작한다. 그는 하늘에서부터
땅까지 그리고 다시 하늘에 이르기까지 모든 것을 두루 아
우르며, 메시아이신 예수께서 어떻게 만물과 모든 사람을
끊임없이 화해시키고 계신지를 보여준다.

그리스도께서 십자가에서 죽으심으로 우리를 화해시키
셨습니다. 십자가는 우리로 하여금 서로 껴안게 했습니
다. 이로써 적대 행위는 끝났습니다. 그리스도께서 오셔
서, 밖에 있던 여러분에게 평화를 전하시고, 안에 있는 우
리에게도 평화를 전하셨습니다. 그분께서는 우리를 동등

하게 대하셨고, 우리로 하여금 동등한 사람이 되게 하셨습니다. 그분을 통해 우리 모두가 같은 성령을 받았고, 동등한 자격으로 아버지께 나아가게 되었습니다.……여러분은 모두 같은 길, 같은 방향으로 나아감으로써, 내적으로나 외적으로 하나가 되도록 부름받았습니다. 여러분은 한 주님, 한 믿음, 한 세례, 한 하나님 아버지를 모시고 있습니다. 이 하나님은 만물을 다스리시고, 만물을 통해 일하시며, 만물 안에 계십니다. 여러분의 존재와 생각과 행위에는 이러한 하나됨이 속속들이 배어 있습니다(엡 2:16-18; 4:4-6).

또한 바울은 그 일이 우리 안에서 우리를 위해 이루어졌을 뿐 아니라, 우리가 그 시급한 일에 협력해야 한다는 사실을 밝힌다.

저 바깥으로 나가, 하나님께서 여러분을 부르셔서 걷게 하신 그 길을 걸어가십시오. 아니, 달려가십시오! 나는 여러분 가운데 어느 누구도 팔짱 끼고 가만히 앉아 있기를 바라지 않습니다. 나는 여러분이 엉뚱한 길에서 헤매는 것을 바라지 않습니다. 겸손과 절제로 이 일을 행하십시오. 기분 내킬 때나 처음에만 하지 말고, 꾸준히 행하십시오. 서로를 위한 사랑의 행위에 자신을 쏟아붓고, 서로의 다름을 깊이 이해하고, 서로 간에 벽이 있다면 서둘러 허무십시오(엡 4:1-3).

이제 우리는 사태가 어떻게 돌아가는지 안다. 또한 화해의 에너지가 우주의 중심에 자리한 발전기인 것도 잘 안다. 그러므로 우리는 우리 삶의 일거수일투족이 바울이 말한바 그리스도께서 완수하신 하나님의 계획, 곧 "광대한 하늘에 있는 모든 것과 땅에 있는 모든 것을 그리스도 안에서 화해시키시고 종합하시려는 원대한 계획"에 이바지한다는 확신을 가지고, 의욕적으로 꾸준히 이 일에 참여해야만 한다.

에베소서

1 ¹⁻² 하나님의 계획에 따라 그리스도 예수의 특사인 사도가 된 나 바울은, 에베소에 있는 신실한 그리스도인들에게 이 편지를 씁니다. 나는 하나님 우리 아버지와 우리 주 예수 그리스도께서 우리 삶에 부어 주시는 은혜와 평화로 여러분에게 문안합니다.

영광의 하나님

³⁻⁶ 하나님은 얼마나 찬송받으실 분이신지요! 하나님은 얼마나 복되신 분이신지요! 하나님은 우리 주 예수 그리스도의 아버지이시며, 그분 안에 있는 축복의 높은 자리로 우리를 데려가시는 분이십니다. 하나님께서는 땅의 기초를 놓으시기 오래전부터 우리를 마음에 두고 사랑의 중심으로 삼

으셔서, 우리가 그분의 사랑으로 온전하고 거룩하게 되도록 하셨습니다. 아주 오래전에, 하나님께서는 예수 그리스도를 통해 우리를 자녀로 맞아들이기로 작정하셨습니다. (이 계획을 세우시며 하나님은 얼마나 기뻐하셨는지 모릅니다!) 하나님께서는, 그분의 사랑하시는 아들의 손을 통해 아낌없이 베푸시는 선물을 우리가 찬양하기 원하셨습니다.

7-10 메시아의 희생, 곧 십자가의 제단에 뿌려진 그분의 피로 말미암아 우리는 자유로운 사람이 되었습니다. 우리의 모든 잘못된 행실에서 비롯된 형벌과 처벌에서 자유케 된 것입니다. 그것도 겨우 자유케 된 것이 아니라, 넘치도록 자유케 되었습니다! 하나님께서는 모든 것을 고려하셨고, 우리에게 필요한 모든 것을 공급해 주셨으며, 친히 기뻐하며 세우신 계획을 우리에게 알려 주셨습니다. 하나님께서는 그리스도 안에서 그 계획을 우리 앞에 활짝 펼쳐 보이셨습니다. 그것은 만물, 곧 광대한 하늘에 있는 모든 것과 땅에 있는 모든 것을 그리스도 안에서 화해시키시고 종합하시려는 원대한 계획이었습니다.

11-12 그리스도 안에서 우리는, 자신이 누구이며 무엇을 위해 사는지를 알게 되었습니다. 우리가 그리스도에 대해 처음 듣고 소망을 품기 훨씬 전에, 하나님께서는 우리를 눈여겨보시고 우리로 하여금 영광스러운 삶을 살도록 계획하셨습니다. 그것은 하나님께서 만물과 모든 사람 안에서 성취하고 계신 전체 목적의 일부였습니다.

13-14 그리스도 안에서 여러분은, 진리(여러분의 구원에 관한
이 메시지)를 듣고 믿어 구원을 확신하게 되었습니다. 그것
은 성령께서 서명하고 보증하여 전해 주신 구원입니다. 하
나님께 날인받은 이 인증은 앞으로 계속될 전집의 첫 권처
럼, 하나님께서 우리를 위해 계획해 놓으신 모든 것―곧 하
나님을 찬양하며 사는 영광스러운 삶―을 우리가 누리게
될 것임을 일깨워 줍니다.

15-19 그런 까닭에, 나는 여러분이 주 예수를 굳건히 신뢰하
고 있으며 예수를 따르는 모든 이들에게 사랑을 쏟고 있다
는 소식을 듣고서, 여러분을 두고 하나님께 감사드리지 않
을 수 없습니다. 나는 기도할 때마다 여러분을 떠올리며 감
사를 드립니다. 그러나 감사에서 멈추지 않고 간구합니다.
우리 주 예수 그리스도의 하나님, 영광의 하나님께서 여러
분에게 이해력과 분별력을 주셔서, 하나님을 친히 알게 하
시고 여러분의 눈을 맑고 또렷하게 해주시기를 구합니다.
그리하여 하나님께서 무엇을 하라고 부르시는지, 여러분이
정확히 볼 수 있기를 바랍니다. 또한 하나님께서 그분을 따
르는 이들을 위해 마련해 두신 이 영광스러운 삶의 방식이
얼마나 대단한 것인지, 오, 하나님께서 그분을 믿는 우리 안
에서 끊임없는 에너지와 한없는 능력으로 행하시는 역사가
얼마나 풍성한지를 이해할 수 있기를 구합니다!

20-23 이 모든 에너지는 그리스도에게서 나옵니다. 하나님은
그분을 죽음에서 살리시고 하늘의 보좌에 앉히셔서, 은하계

로부터 이 땅의 통치에 이르기까지 우주의 모든 것을 다스
리게 하셨습니다. 그분의 통치를 받지 않는 이름이나 권세
가 하나도 없게 하셨습니다. 잠시만이 아니라 영원토록 그
렇게 하셨습니다. 이 모든 일을 담당하고 계신 분, 모든 일
의 최종 결정권을 가지고 계신 분은 그리스도이십니다. 이
모든 것의 중심에서, 그리스도께서 교회를 다스리고 계십니
다. 여러분도 알다시피, 교회는 세상의 변두리가 아니라 세
상의 중심입니다. 교회는 그리스도의 몸입니다. 그분은 교
회 안에서 말씀하시고 활동하시며, 교회를 통해 만물을 자
신의 임재로 가득 채우십니다.

그리스도께서 벽을 허무셨습니다

2 ¹⁻⁶ 얼마 전까지만 해도 여러분은 죄로 인해 낡고 정
체된 삶에 빠져 있었습니다. 그때 여러분은, 참된 삶
에 대해서는 아무것도 모르고, 이 세상이 가르쳐 주는 대로
살았습니다. 여러분은 더러운 불신을 폐에 가득 채우고서
불순종의 기운을 내뿜었습니다. 우리는 너나없이 자기가 하
고 싶은 것을 마음대로 하며 그렇게 살았습니다. 우리 모두
가 같은 배를 타고 있었던 것입니다. 하나님께서 평정심을
잃고 우리 모두를 쓸어버리지 않으신 것은, 정말로 놀라운
일입니다. 오히려 하나님은, 한없는 자비와 믿을 수 없을 만
큼 엄청난 사랑으로 우리를 품어 주셨습니다. 하나님은 죄
로 죽은 우리 생명을 떠맡으시고 그리스도 안에서 우리를

살리셨습니다. 하나님은 그 모든 일을 우리의 도움 없이, 혼자서 이루셨습니다! 그런 다음 우리를 들어 올리셔서, 가장 높은 하늘에 메시아 예수와 함께 앉게 하셨습니다.

7-10 지금도 하나님께서는 우리를 그분이 원하시는 곳에 두시고, 이 세상에서나 저 세상에서나, 그리스도 예수 안에서 은혜와 사랑을 우리에게 쉼 없이 쏟아부어 주십니다. 구원은 전적으로 하나님이 생각해 내신 일이고, 전적으로 그분이 하신 일입니다. 우리가 할 일은, 다만 하나님께서 그 일을 행하시도록 그분을 신뢰하는 것입니다. 구원은 처음부터 끝까지 하나님의 선물입니다! 주인공 역할은 우리 몫이 아닙니다. 우리가 주인공 역할을 했다면, 우리는 모든 일을 우리가 했다고 떠벌리며 돌아다녔을 것입니다! 하지만 그렇지 않습니다. 우리는 우리 자신을 만들 수도, 구원할 수도 없습니다. 만들고 구원하는 일은 하나님이 하시는 일입니다. 하나님은 그리스도 예수를 통해 우리 각 사람을 지으셨습니다. 그렇게 하신 것은 그분께서 하시는 일, 곧 우리를 위해 마련해 놓으신 선한 일, 우리가 해야 할 그 일에 우리를 참여시키시려는 것입니다.

11-13 그러나 이 일 가운데 어떤 것도 당연한 것으로 여기지 마십시오. 불과 얼마 전까지만 해도 여러분은, 하나님의 방법에 대해서는 아무것도 알지 못하는 이방인이었습니다. 그때 여러분은 하나님이 일하시는 방식이 무엇인지도 몰랐고, 그리스도가 누구신지도 전혀 알지 못했습니다. 여러분은 하

나님이 이스라엘 안에 펼치신 풍성한 언약과 약속의 역사
(歷史)에 대해서도 전혀 알지 못했고, 그분께서 이 세상에서
무슨 일을 하고 계신지에 대해서도 무지했습니다. 전에는
밖에 있던 여러분이 이제는, 죽음을 맞으시고 피를 흘리신
그리스도로 말미암아 안으로 들어와, 모든 일에 참여하게
되었습니다.

14-15 메시아께서 우리 사이를 화해시키셨습니다. 이제 밖에
있던 이방인과 안에 있는 유대인 모두가 이 일에 함께하도
록 하셨습니다. 그분은 우리가 서로 거리를 두기 위해 이용
하던 벽을 허무셨습니다. 그분은 도움보다는 방해가 되었
던, 깨알 같은 글자와 각주로 꽉 찬 율법 조문을 폐지하셨습니
다. 그런 다음에, 전혀 새로운 출발을 하셨습니다. 그분은
오랜 세월 동안 증오와 의심에 사로잡혀 둘로 갈라져 있던
사람들을 그대로 두지 않으시고 새로운 인류를 지으셔서,
누구나 새 출발을 하게 하셨습니다.

16-18 그리스도께서 십자가에서 죽으심으로 우리를 화해시
키셨습니다. 십자가는 우리로 하여금 서로 껴안게 했습니
다. 이로써 적대 행위는 끝났습니다. 그리스도께서 오셔서,
밖에 있던 여러분에게 평화를 전하시고, 안에 있는 우리에
게도 평화를 전하셨습니다. 그분께서는 우리를 동등하게 대
하셨고, 우리로 하여금 동등한 사람이 되게 하셨습니다. 그
분을 통해 우리 모두가 같은 성령을 받았고, 동등한 자격으
로 아버지께 나아가게 되었습니다.

19-22 너무도 분명하지 않습니까? 여러분은 더 이상 떠돌이 유랑민이 아닙니다. 이 믿음의 나라가 이제 여러분의 본향입니다. 여러분은 더 이상 나그네나 이방인이 아닙니다. 여러분은 이 믿음의 나라에 속한 사람입니다. 여러분은 여느 사람 못지않게 그리스도인이라는 이름에 딱 어울리는 사람입니다. 하나님은 한 집을 짓고 계십니다. 하나님은 우리가 어떻게 이 믿음의 나라에 이르게 되었는지 따지지 않으시고 우리 모두를 사용하셔서, 그분이 짓고 계신 그 일에 우리를 참여시키십니다. 하나님은 사도들과 예언자들을 기초로 삼으셨습니다. 이제 벽돌을 차곡차곡 쌓듯이, 여러분을 그 기초 위에 끼워 넣으십니다. 그리스도 예수께서는 그 건물의 각 부분을 떠받치는 모퉁잇돌입니다. 우리는 날마다 그 집의 모양이 잡혀 가는 모습을 봅니다. 그 집은 하나님께서 세우시는 성전, 우리 모두가 벽돌처럼 쌓여 이루어지는 성전, 하나님이 머무시는 성전입니다.

하나님의 구원의 비밀

3
1-3 바로 이것이, 나 바울이 이방인이라고 하는 여러분을 위해 일하며 그리스도의 일로 감옥에 갇힌 이유입니다. 여러분은, 모든 사람을 구원하시려는 하나님의 계획 가운데 내가 맡은 역할이 무엇인지 잘 알 것입니다. 나는 이 계획과 관련된 비밀 이야기를 하나님께로부터 직접 들었습니다. 그것은 내가 이미 간략하게 적은 바와 같습니다.

4-6 내가 여러분에게 쓴 글을 읽어 보면, 여러분도 그리스도의 비밀을 직접 알 수 있을 것입니다. 우리 조상 가운데 어느 누구도 이 비밀을 알지 못했습니다. 하나님의 영이 이 새로운 질서를 전하는 거룩한 사도들과 예언자들을 통해 오직 우리 시대에만 그 비밀을 분명하게 알려 주셨습니다. 그 비밀은, 하나님에 대해 한 번도 들어 보지 못한 사람들(밖에 있던 사람들)과 하나님에 대해 평생 들어 온 사람들(안에 있는 사람들)이 하나님 앞에서 같은 터에 서 있다는 것입니다. 그 둘이 그리스도 예수 안에서 같은 제안과 같은 도움, 같은 약속을 받습니다. 메시지는 누구도 차별하지 않고 모두에게 열려 있으며 모두를 맞아 줍니다.

7-8 내 평생의 사명은, 사람들이 이 **메시지**를 이해하고 이 **메시지**에 응답하도록 돕는 것입니다. 그것은 순전한 선물, 진짜 뜻밖의 선물, 하나님께서 세세한 부분에까지 손을 대신 선물로 내게 다가왔습니다. 나는 하나님의 방식에 대한 배경지식이 전혀 없는 사람들에게 **메시지**를 전하는 일에서, 가장 자격을 갖추지 못한 그리스도인이었습니다. 하나님께서는 그런 나를 준비시키셨습니다. 그러나 여러분은, 그것이 나의 타고난 능력과는 아무 상관이 없는 일임을 알 것입니다.

8-10 그러므로 나는 내 생각을 훨씬 뛰어넘는 일들, 곧 그리스도의 다함없는 부요와 관대하심을 말과 글로 전합니다. 나의 임무는, 이 모든 것을 처음 창조하신 하나님께서 줄곧 은밀히 해오신 일을 알리고 밝히는 것입니다. 하나님의 이

탁월하신 계획은, 교회에 모인 여러분처럼 예수를 따르는 이들을 통해 천사들에게까지 알려져 이야기되고 있습니다! ¹¹⁻¹³ 이 모든 일은, 하나님께서 줄곧 계획하시고 그리스도 예수 안에서 실행된 방침을 따라 진행되고 있습니다. 그리스도를 신뢰하면서, 우리는 말해야 할 것은 무엇이나 자유롭게 말할 수 있고, 가야 할 곳은 어디나 담대하게 갈 수 있습니다. 그러니 여러분은 지금 내가 여러분을 위해 겪는 고난을 보고서 낙심하지 않기를 바랍니다. 오히려 영광으로 여기십시오!

❧

¹⁴⁻¹⁹ 나는 하늘과 땅에 있는 만물에 제 이름을 주시는, 위대하신 아버지 앞에 무릎을 꿇음으로 그분의 은혜에 응답합니다. 나는 아버지께서 그분의 영─육체의 힘이 아닌 영광스러운 내적 힘─으로 여러분을 강하게 해주셔서, 여러분이 마음의 문을 열고 그리스도를 모셔들임으로써 그분이 여러분 안에 살게 해주시기를 간구합니다. 또한 나는 여러분이 사랑 위에 두 발로 굳게 서서, 그리스도께서 아낌없이 베푸시는 사랑의 크기를, 예수를 따르는 모든 이들과 함께 이해할 수 있게 해주시기를 간구합니다. 손을 뻗어 그 사랑의 넓이를 경험해 보십시오! 그 사랑의 길이를 재어 보십시오! 그 사랑의 깊이를 측량해 보십시오! 그 사랑의 높이까지 올라가 보십시오! 하나님의 충만하심 안에서 충만해져, 충만

한 삶을 사십시오.

²⁰⁻²¹ 여러분도 알다시피, 하나님은 무엇이든지 하실 수 있는 분입니다. 하나님은 여러분이 꿈에서나 상상하고 짐작하고 구할 수 있는 것보다 훨씬 많은 것을 주실 수 있는 분입니다! 하나님은 밖에서 우리를 강요하심으로써가 아니라 우리 안에서 활동하심으로, 곧 우리 안에서 깊고 온유하게 활동하시는 그분의 영을 통해 그 일을 하십니다.

교회 안에 계신 하나님께 영광!
메시아 예수 안에 계신 하나님께 영광!
영광이 모든 세대에 이르기를!
영광이 영원무궁하기를! 참으로 그러하기를!

한 주님, 한 믿음, 한 세례, 한 하나님

4 ¹⁻³ 이 모든 것을 생각하면서, 내가 여러분에게 바라는 것은 다음과 같습니다. 나는 주님을 위해 죄수가 되어 이곳에 갇혀 있지만, 여러분은 저 바깥으로 나가, 하나님께서 여러분을 부르셔서 걷게 하신 그 길을 걸어가십시오. 아니, 달려가십시오! 나는 여러분 가운데 어느 누구도 팔짱 끼고 가만히 앉아 있기를 바라지 않습니다. 나는 여러분이 엉뚱한 길에서 헤매는 것을 바라지 않습니다. 겸손과 절제로 이 일을 행하십시오. 기분 내킬 때나 처음에만 하지 말고, 꾸준히 행하십시오. 서로를 위한 사랑의 행위에 자신

을 쏟아붓고, 서로의 다름을 깊이 이해하고, 서로 간에 벽이 있다면 서둘러 허무십시오.

4-6 여러분은 모두 같은 길, 같은 방향으로 나아감으로써, 내적으로나 외적으로 하나가 되도록 부름받았습니다. 여러분은 한 주님, 한 믿음, 한 세례, 한 하나님 아버지를 모시고 있습니다. 이 하나님은 만물을 다스리시고, 만물을 통해 일하시며, 만물 안에 계십니다. 여러분의 존재와 생각과 행위에는 이러한 하나됨이 속속들이 배어 있습니다.

7-13 그렇다고 해서 여러분이 다 똑같은 것을 보고 말하고 행해야 한다는 의미는 아닙니다. 우리는 저마다 그리스도의 은혜에 따라 각자에게 알맞은 선물을 받았습니다. 다음은 그것을 두고 말한 본문입니다.

　그분께서 높은 산으로 올라가셔서
　원수를 사로잡아 전리품을 취하시고,
　그 모든 것을 사람들에게 선물로 나눠 주셨다.

높은 데로 올라가신 분께서, 또한 땅의 골짜기로 내려오셨다는 것은 사실이지 않습니까? 낮은 데로 내려오신 분은, 다시 가장 높은 하늘로 올라가신 그분이십니다. 그분은 위에서나 아래서나 선물을 나눠 주시고, 하늘을 자신의 선물로 가득 채우시며, 땅도 자신의 선물로 가득 채우셨습니다. 그분은 사도, 예언자, 복음 전도자, 목사―교사의 은사를

선물로 나눠 주셨습니다. 그것은 그리스도를 따르는 사람들
을 숙련된 봉사의 일을 하도록 훈련시켜, 그리스도의 몸인 교
회 안에서 일하게 하시려는 것입니다. 그리하여 우리 모두가
춤추듯 서로 손발이 척척 맞아, 하나님의 아들께 능숙하고 우
아하게 응답하고, 충분히 성숙한 어른이 되고, 안팎으로 충분
히 계발되어, 그리스도처럼 충만히 살게 하시려는 것입니다.

14-16 부디, 우리 가운데는 더 이상 어린아이로 남아 있는 사
람이 없어야 합니다. 세상 물정 모르는 순진한 사람이 되거
나, 아이처럼 사기꾼의 손쉬운 표적이 되어서는 안됩니다.
하나님은 우리가 충분히 자라서, 모든 면에서 그리스도처럼
온전한 진리를 알고, 사랑으로 그 진리를 말하기를 바라십
니다. 우리는 그리스도를 따라갑니다. 그분은 우리가 하는
모든 일의 근원이십니다. 그분은 우리가 서로 발맞춰 나아
가게 하십니다. 그분의 숨과 피가 우리에게 흘러 영양을 공
급하면, 우리는 하나님 안에서 건강하게 자라고 사랑 안에
서 강해질 것입니다.

낡은 생활방식을 버리십시오

17-19 그러므로 나는 힘주어 말합니다—하나님께서도 내 말
을 지지하십니다. 아무 생각이나 분별없이 사는 대중들을
따라가지 마십시오. 그들은 너무나 오랫동안 하나님과 관계
맺기를 거부한 나머지, 하나님은 물론이고 현실에 대해서도
감각을 잃어버린 자들입니다. 그들은 똑바로 생각할 줄 모

릅니다. 감각을 잃어버린 그들은, 성에 집착하고 온갖 종류
의 변태 행위에 중독되어 있습니다.

20-24 그런 삶은 여러분에게 어울리지 않습니다. 여러분은 그
리스도를 배웠습니다! 우리가 예수 안에서 배운 것처럼, 여
러분도 그분께 세심한 주의를 기울였고 진리 안에서 제대로
교육받았습니다. 따라서 우리에게는 못 배워서 그랬다는 핑
계가 통하지 않으니, 저 낡은 생활방식과 관련된 모든 것—
말 그대로 모든 것—을 버리십시오. 그것은 속속들이 썩었
으니, 내다 버리십시오! 그 대신, 전혀 새로운 생활방식을
입으십시오. 하나님께서 그분의 성품을 여러분 안에 정확하
게 재현해 내시는 것같이, 하나님께서 만들어 주신 생활, 안
에서부터 새로워진 생활을 몸에 익히고, 그 생활이 여러분
의 행위에 배어들게 하십시오.

25 덧붙여 말씀드립니다. 더 이상 거짓과 가식이 있어서는 안
됩니다. 이웃에게 진실을 말하십시오. 우리는 너나없이 그리
스도의 몸 안에서 서로 연결되어 있기 때문입니다. 다른 사람
에게 거짓말하는 것은 결국 자신에게 거짓말하는 것입니다.

26-27 화가 나면 화를 내십시오. 화내는 것 자체는 괜찮습니
다. 그러나 화를 연료로 삼아 복수심을 불태워서는 안될 일
입니다. 화난 채로 오래 있지 마십시오. 화난 채로 잠자리에
들지 마십시오. 마귀에게 거점을 내주어서는 안됩니다.

28 도둑질로 생계를 꾸렸습니까? 더 이상은 그렇게 살지 마
십시오! 정당한 일로 돈을 벌어서, 일할 수 없는 다른 사람

들을 도우십시오.

²⁹ 여러분의 말하는 습관을 살피십시오. 여러분의 입에서 불쾌하고 더러운 말이 나오지 않게 하십시오. 도움이 되는 말만 하고, 여러분의 말 한 마디 한 마디가 선물이 되게 하십시오.

³⁰ 하나님을 슬프게 하지 마십시오. 그분의 마음을 아프게 하지 마십시오. 여러분 안에서 숨 쉬고 움직이시는 하나님의 거룩한 영은 여러분 삶의 가장 깊숙한 곳에 자리하십니다. 성령께서 여러분을 하나님께 합당한 사람으로 만들어 주십니다. 그러한 선물을 당연한 것으로 여기지 마십시오.

³¹⁻³² 가시 돋친 말, 헐뜯는 말, 불경스러운 말은 입에 담지도 마십시오. 서로 친절하게 대하고, 서로 마음을 쓰십시오. 하나님께서 그리스도 안에서 여러분을 용서하신 것같이, 여러분도 서로 신속하고 완전하게 용서하십시오.

잠에서 깨어나라

5 ¹⁻² 자녀가 부모에게서 바른 행동을 배우고 익히듯이, 여러분은 하나님께서 하시는 일을 살펴서 그대로 행하십시오. 하나님께서 하시는 일 대부분은 여러분을 사랑하시는 것입니다. 그분과의 사귐을 지속하고, 사랑의 삶을 익히십시오. 그리스도께서 우리를 어떻게 사랑하셨는지 잘 살펴보십시오. 그분의 사랑은 인색한 사랑이 아니라 아낌없는 사랑이었습니다. 그분은 우리에게서 무언가를 얻으려고 사랑하신 것이 아니라 자신의 전부를 우리에게 주시기 위해

사랑하셨습니다. 여러분도 그렇게 사랑하십시오.

3-4 사랑을 육체의 욕망으로 변질시키지 마십시오. 난잡한 성행위, 추잡한 행실, 거만한 탐욕에 빠져드는 일이 없게 하십시오. 몇몇 사람들이 남의 뒷말하기를 즐기더라도, 예수를 따르는 사람들은 그보다 나은 언어 습관을 가져야 합니다. 더러운 말이나 어리석은 말은 입에 담지 마십시오. 그런 말은 우리의 생활방식에 어울리지 않습니다. 우리가 늘 사용해야 할 언어는 감사입니다.

5 사람이나 종교나 어떤 것을 이용해 이득을 보려고 한다면—이는 우상숭배의 흔한 변종입니다—그 사람은 분명 아무것도 얻지 못할 것입니다. 그는 그리스도의 나라, 하나님 나라 근처에도 가지 못할 것입니다.

6-7 종교적으로 번지르르한 말에 속아 넘어가지 마십시오. 종교적 장삿속으로 온갖 말을 하면서도 정작 하나님과는 아무 관계도 맺지 않으려는 자들에게, 하나님은 격한 노를 발하십니다. 그런 사람들 곁에는 얼씬도 하지 마십시오.

8-10 여러분은 전에 그러한 어둠 속에서 길을 찾아 헤맸으나, 이제는 그렇지 않습니다. 여러분은 지금 환한 곳으로 나와 있습니다. 그리스도의 밝은 빛이 여러분의 길을 똑똑히 보여줍니다. 그러니 더 이상 비틀거리지 마십시오. 그리스도의 밝은 빛을 가까이 하십시오! 선함, 옳음, 참됨. 이 세 가지는 밝은 대낮에 어울리는 행위입니다. 그리스도를 기쁘시게 해드릴 일이 무엇인지 생각하고, 그것을 행하십시오.

11-16 헛된 일, 분주하기만 할 뿐 성과가 없는 일, 어둠을 좇는 무익한 일로 여러분의 시간을 허비하지 마십시오. 오히려 그러한 일들이 속임수임을 드러내 보이십시오. 아무도 보는 이 없는 어둠 속에서나 할 법한 일에 삶을 낭비하는 것은 수치스러운 일입니다. 그런 사기꾼들의 정체를 폭로하고, 그리스도의 빛 가운데 밝혀진 그들의 정체가 과연 매력적인지 한번 생각해 보십시오.

잠에서 깨어나라.
관을 열어젖히고 나오너라.
그리스도께서 네게 빛을 보여주실 것이다!

그러니 여러분의 발걸음을 살피십시오. 머리를 쓰십시오. 기회를 얻을 때마다 그 기회를 선용하십시오. 지금은 긴박한 때입니다!

17 생각 없이 경솔하게 살지 마십시오. 주님이 바라시는 것이 무엇인지를 깨달으십시오.

18-20 과음하지 마십시오. 과음은 여러분의 삶을 저속하게 만듭니다. 하나님의 영을 들이마시십시오. 벌컥벌컥 들이키십시오. 축배의 노래 대신 찬송을 부르십시오! 마음에서 우러난 노래를 그리스도께 불러 드리십시오. 모든 일에 노래할 이유를 주신 하나님 아버지께, 우리 주 예수 그리스도의 이름으로 찬양을 드리십시오.

그리스도 안에 있는 여러 관계들

²¹ 그리스도를 경외하는 마음으로, 서로 예의 바르고 공손하게 대하십시오.

²²⁻²⁴ 아내 여러분, 그리스도를 지지하는 것처럼 남편을 이해하고 지지해 주십시오. 남편은 그리스도께서 교회에 하시는 것처럼 아내에게 지도력을 보이되, 아내를 좌지우지하지 말고 소중히 여기십시오. 남편이 그러한 지도력을 발휘하면, 아내도 교회가 그리스도께 순종하듯 남편에게 순종해야 합니다.

²⁵⁻²⁸ 남편 여러분, 그리스도께서 교회를 사랑하신 것과 같이, 아내를 사랑하는 일에 전력을 다하십시오. 그런 사랑의 특징은 받는 것이 아니라 주는 것입니다. 그리스도의 사랑은 교회를 온전하게 합니다. 그리스도의 말씀은 교회의 아름다움을 일깨웁니다. 그분의 모든 행동과 말씀은 교회를 가장 아름답게 만들며, 눈이 부실 만큼 흰 비단으로 교회를 둘러서, 거룩함으로 빛나게 하려는 것입니다. 남편은 아내를 그런 식으로 사랑해야 합니다. 그런 남편은 자기 자신에게 특별한 사랑을 베푸는 것이나 다름없습니다. 두 사람은 결혼하여 이미 "하나"이기 때문입니다.

²⁹⁻³³ 자기 몸을 학대하는 사람이 있을까요? 없습니다. 누구나 자기 몸을 돌보고, 자기 몸의 필요를 채웁니다. 그리스도께서 우리, 곧 교회를 다루시는 방식도 그와 같습니다. 우리는 그분 몸의 지체이기 때문입니다. 이런 이유로, 남자는

부모를 떠나 아내를 소중히 여겨야 합니다. 그들은 더 이상 둘이 아닙니다. 그들은 "한 몸"이 됩니다. 이것은 참으로 큰 신비가 아닐 수 없습니다. 나는 그 신비를 다 이해한다고 감히 말하지 않습니다. 내가 가장 분명하게 아는 것은, 그리스도께서 교회를 대하시는 방식입니다. 이것은 남편이 아내를 어떻게 대해야 하는지를 보여주는 생생한 그림입니다. 남편은 아내를 사랑함으로 자기를 사랑하는 것입니다. 또한 이것은 아내가 남편을 어떻게 존중해야 하는지를 보여주는 생생한 그림이기도 합니다.

6

1-3 자녀 여러분, 여러분의 부모가 여러분에게 이르는 대로 하십시오. 이것은 아주 옳은 일입니다. "네 아버지와 어머니를 공경하라"는 계명은 약속이 따르는 첫 계명입니다. 그 약속은 "그러면 네가 잘 살고 장수할 것이다"입니다.

4 아버지 여러분, 자녀를 호되게 꾸짖어 노엽게 만들지 마십시오. 주님의 방법으로 그들을 돌보고 이끄십시오.

5-8 종으로 있는 여러분, 이 세상에 있는 여러분의 주인에게 존경하는 마음으로 복종하되, 참 주인이신 그리스도께 복종하는 일에 언제나 주의를 기울이십시오. 해야 할 일을 눈가림으로 하지 말고 진심으로 하십시오. 하나님께서 바라시는 일을 하는 그리스도의 종처럼 진심으로 하십시오. 누구에게

지시를 받든지, 실제로 여러분은 하나님을 위해 일하는 것임을 늘 명심하고 기쁘게 일하십시오. 선한 일을 하는 사람은 종이든 자유인이든 상관없이, 충분한 상을 주님으로부터 받을 것입니다.

9 주인 된 여러분, 여러분도 똑같이 하십시오. 부탁이니, 종을 학대하거나 위협하지 마십시오. 여러분과 여러분의 종이 섬기는 주님은 하늘에 계신 같은 주님이십니다. 그분은 여러분과 여러분의 종을 차별하지 않으십니다.

마귀와 끝까지 싸우십시오

10-12 이제 마무리하겠습니다. 하나님은 강하신 분입니다. 하나님은 여러분도 그분 안에서 강하기를 바라십니다. 그러니 주님께서 여러분을 위해 마련해 주신 모든 것, 곧 가장 좋은 재료로 정교하게 만들어진 무기를 취하십시오. 그 무기를 활용해서, 마귀가 여러분의 길에 던져 놓은 모든 장애물에 용감히 맞서십시오. 이 싸움은 잠깐 출전해서 쉽게 이기고 금세 잊고 마는 한나절의 운동 경기가 아닙니다. 이 싸움은 지구전, 곧 마귀와 그 수하들을 상대로 끝까지 싸우는, 사느냐 죽느냐의 싸움입니다.

13-18 단단히 준비하십시오. 여러분은 지금 혼자 힘으로 다루기에는 벅찬 상대를 마주하고 있습니다. 도움이 될 만한 것은 무엇이든 취하고, 하나님께서 주신 온갖 무기로 무장하십시오. 그러면 싸움이 끝나도, 여러분은 승리의 함성을 지

르며 여전히 두 발로 서 있을 것입니다. 진리와 의와 평화와 믿음과 구원은, 단순한 말 이상의 것입니다. 그 무기들의 사용법을 익히십시오. 살아가는 동안 그 무기들이 필요합니다. 하나님의 말씀이야말로 없어서는 안될 무기입니다. 마찬가지로, 계속되는 이 전쟁에서 기도는 필수입니다. 열심히, 오래 기도하십시오. 형제자매를 위해 기도하십시오. 끊임없이 주의를 기울이십시오. 서로 기운을 북돋아 주어, 아무도 뒤처지거나 낙오하는 사람이 없게 하십시오.

19-20 그리고 나를 위해 기도하는 것도 잊지 마십시오. 내가 무엇을 말해야 할지 알고, 할 말을 제때에 용기 있게 말하며, 그 비밀을 누구에게나 전할 수 있게 해달라고 기도해 주십시오. 나는 비록 감옥에 갇힌 전도자이지만, 이 **메시지**를 알릴 책임이 있습니다.

21-22 이곳에 있는 나의 좋은 벗 두기고가 내가 어떻게 지내는지, 나의 신변에 어떤 일이 있는지를 여러분에게 알릴 것입니다. 그는 참으로 듬직한 주님의 일꾼입니다! 나는 우리의 사정을 여러분에게 알리고, 여러분의 믿음을 북돋우려고 그를 보냈습니다.

23-24 친구 여러분, 잘 지내십시오. 하나님 아버지와 주 예수 그리스도께서 주시는 사랑과 믿음이 여러분의 것이 되기를, 오직 순전한 은혜가 우리 주 예수 그리스도를 사랑하는 모든 이들에게 함께하기를 바랍니다.

빌립보서 | 머리말

빌립보서는 바울이 행복에 가득 차서 보낸 편지다. 그 행복은 전염성이 강하다. 몇 절만 읽어도 금세 그 기쁨이 전해지기 시작한다. 춤을 추는 듯한 단어와 기쁨의 탄성은 곧장 우리 마음속에 와 닿는다.

그러나 행복은 우리가 사전을 뒤적거려 알 수 있는 그런 단어가 아니다. 사실, 그리스도인의 삶의 특성 가운데 책을 보고 익힐 수 있는 것은 하나도 없다. 그 삶의 특성을 익히려면 도제 제도 같은 것이 필요하다. 수년간 충실한 훈련을 통해 몸에 익힌 것을 자신의 모든 행실로 보여주는 사람에게 직접 배워야 한다. 물론 설명을 듣기도 하겠지만, 제자는 주로 "스승"과 날마다 친밀하게 지내면서, 기능을 배우고 타이밍과 리듬과 "터치" 같은 미묘하지만 절대적으로 필요한 기법을 익힌다.

바울이 빌립보라는 도시의 그리스도인들에게 보낸 편지를 읽다 보면, 위에서 말한 스승을 대하는 것 같은 느낌이 든다. 바울은 우리에게 행복해질 수 있다고 말하거나, 행복해지는 법을 말해 주지 않는다. 다만 분명히 알 수 있는 것

은, 그가 행복하다는 사실이다. 그 기쁨은 그가 처한 상황과
는 무관한 것이었다. 그는 감옥에서 편지를 썼고, 그의 활동
은 경쟁자들의 공격을 받고 있었다. 그는 예수를 섬기며 스
무 해가 넘도록 혹독한 여행을 한 끝에 지쳐 있었고, 어느
정도 위안도 필요했을 것이다.

그러나 바울이 내면으로 경험한 메시아 예수의 생명에 견
줄 때, 상황은 그다지 중요하지 않았다. 왜냐하면 그 생명
은 역사의 특정 시점에 한 번 나타난 것으로 그친 것이 아니
라 이후에도 끊임없이 나타나서, 그분을 영접하는 사람들의
삶으로 흘러들고, 계속해서 사방으로 넘쳐흐르기 때문이다.
바울은 그의 편지를 읽는 이들이 그리스도의 생명으로 넘쳐
흐르는 모습을 다음과 같이 그려 본다.

> 무슨 일을 하든지 기꺼운 마음으로 흔쾌히 하십시오. 말
> 다툼하거나 따지지 마십시오! 흠 없이 세상 속으로 들어
> 가, 이 더럽고 타락한 사회에 맑은 공기를 불어넣으십시
> 오. 사람들에게 선한 생활과 살아 계신 하나님을 볼 수 있
> 게 하십시오. 환하게 빛을 비춰 주는 **메시지**를 어둠 속에
> 전하십시오(빌 2:14-15).

무엇보다도 그리스도는, 어느 누구도 하나님을 제한하거나
독점할 수 없다는 사실을 보여주는 계시다.

적절하게 사랑하는 법을 익히십시오. 여러분의 사랑이 감정의 분출이 아니라 진실하고 지각 있는 사랑이 되려면 지혜로워야 하고 자신의 감정을 살필 줄 알아야 합니다. 사랑하는 삶을 살되 신중하고도 모범적인 삶, 예수께서 자랑스러워하실 삶을 사십시오. 그것은 영혼의 열매를 풍성히 맺고, 예수 그리스도를 매력적인 분으로 만들며, 모든 이들로 하여금 하나님께 영광과 찬송을 돌려드리도록 하는 삶입니다(빌 1:9-11).

그리스도인의 행복을 설명해 주는 것은, 바로 이처럼 "넘쳐흐르는" 그리스도의 생명이다. 기쁨은 충만한 생명이며, 어느 한 사람 안에 가두어 둘 수 없는, 넘쳐흐르는 것이기 때문이다.

빌립보서

1 ¹⁻² 그리스도 예수의 헌신된 종인 바울과 디모데는,
예수를 따르는 빌립보의 모든 이들과 목회자와 사역
자들에게 이 편지를 씁니다. 우리는 하나님 우리 아버지와
우리 주 예수 그리스도께서 주시는 은혜와 평화로 여러분에
게 문안합니다.

예수께서 자랑스러워하실 삶

³⁻⁶ 나는 여러분을 떠올릴 때마다 하나님께 감사의 탄성을
지릅니다. 그 탄성은 기도로 이어져, 어느새 나는 기쁜 마음
으로 여러분을 위해 기도하게 됩니다. 나는 여러분이 하나
님의 **메시지**를 들은 날부터 지금까지, **메시지**를 믿고 전하
는 일에 우리와 함께해 주어서 얼마나 기쁜지 모릅니다. 여

러분 안에 이 위대한 일을 시작하신 하나님께서 그 일을 지속하셔서, 그리스도 예수께서 오시는 그날에 멋지게 완성하실 것을 나는 조금도 의심치 않습니다.

7-8 내가 여러분을 이렇게 생각하는 것은 결코 비현실적인 공상이 아닙니다. 내가 기도하고 바라는 것은 분명한 현실에 근거한 것입니다. 내가 감옥에 갇혀 있을 때나, 재판을 받을 때나, 잠시 감옥에서 풀려났을 때에도 여러분은 한결같이 나와 함께해 주었습니다. 그 과정에서 여러분과 나는 하나님께서 넉넉히 도와주시는 것을 경험했습니다. 지금도 내가 여러분을 얼마나 사랑하고 그리워하는지, 하나님은 아십니다. 이따금 나는 그리스도께서 생각하시는 것만큼이나 절절히 여러분을 생각합니다!

9-11 그래서 나는, 여러분의 사랑이 풍성해지고, 여러분이 많이 사랑할 뿐 아니라 바르게 사랑하게 해주시기를 기도합니다. 적절하게 사랑하는 법을 익히십시오. 여러분의 사랑이 감정의 분출이 아니라 진실하고 지각 있는 사랑이 되려면 지혜로워야 하고 자신의 감정을 살필 줄 알아야 합니다. 사랑하는 삶을 살되 신중하고도 모범적인 삶, 예수께서 자랑스러워하실 삶을 사십시오. 그것은 영혼의 열매를 풍성히 맺고, 예수 그리스도를 매력적인 분으로 만들며, 모든 이들로 하여금 하나님께 영광과 찬송을 돌려드리도록 하는 삶입니다.

아무도 가둘 수 없는 메시지

12-14 친구 여러분, 내가 이곳에 갇힌 것이 본래의 의도와는 정반대의 결과를 낳았음을 여러분에게 알리고자 합니다. **메시지가** 짓눌리기는커녕, 오히려 더 번성했습니다. 내가 메시아 때문에 감옥에 갇혔다는 사실을 이곳의 모든 병사와 그 밖의 모든 사람이 알게 되었습니다. 그 사실이 저들의 호기심을 자극해, 이제는 저들도 그분을 많이 알게 되었습니다. 그뿐 아니라, 이곳에 있는 그리스도인 대다수가 자신들의 믿음을 전보다 더 확신하게 되었고, 하나님과 메시아에 대해 두려움 없이 말하게 되었습니다.

15-17 물론, 이 지역에 있는 어떤 이들은 내가 없는 틈을 이용해 사람들의 주목을 한번 끌어 보려고 그리스도를 전하는 것이 사실입니다. 그러나 다른 사람들은 이 세상에서 가장 선한 마음으로 그리스도를 전합니다. 그들은 내가 이곳에서 **메시지**를 변호하고 있음을 알고는, 순수한 사랑의 마음에서 나를 도우려 합니다. 그러나 어떤 사람들은 내가 사라지자, 이 일에서 뭔가를 얻으려는 탐욕스런 마음으로 이 일을 합니다. 그들은 악한 동기로 행하는 것입니다. 그들은 나를 경쟁자로 여기고, 나의 상황이 악화될수록 자신들의 상황은 더욱 나아진다고 생각합니다.

18-21 그러면 내가 어떻게 반응해야겠습니까? 나는 그들의 동기가 순수하지 않든 악하든 분명치 않은 간에, 신경 쓰지 않기로 했습니다. 그들 가운데 누구라도 입을 열 때마다 그

리스도가 전파되니, 그저 박수를 보낼 뿐입니다!

나는 일이 어찌 될지 알기에 계속해서 그들을 응원할 것입니다. 믿음으로 드리는 여러분의 기도와 넉넉하게 응답하시는 예수 그리스도의 영으로 말미암아, 그리스도께서 내 안에서 그리고 나를 통해 하시려는 모든 일이 이루어질 것입니다. 나는 내가 하던 일을 계속할 것입니다. 나는 부끄러울 것이 하나도 없습니다. 살든지 죽든지, 감옥에 갇혀 있는 나에게 일어나는 모든 일이 그리스도를 더욱 정확하게 알리는 데 도움이 됩니다. 저들은 내 입을 다물게 하기는커녕, 오히려 내게 설교단을 마련해 준 셈입니다. 나는 살아서는 그리스도의 심부름꾼이고, 죽어서는 그리스도의 선물입니다. 지금의 삶과 훨씬 더 나은 삶! 어느 쪽이든 내게는 유익입니다.

²²⁻²⁶ 이 육신을 입고 사는 동안, 내가 해야 할 선한 일이 있습니다. 지금 당장 선택해야 한다면, 나는 어느 쪽을 선택해야 할지 모르겠습니다. 어려운 선택이 아닐 수 없습니다! 이 세상에서 그만 육신의 장막을 걷고 그리스도와 함께 있고픈 마음이 간절합니다. 어떤 날은 정말 그러고 싶은 마음뿐이지만, 여러분이 겪고 있는 일이 있으니 내가 이 세상에서 끝까지 견디는 것이 더 낫겠다는 확신이 듭니다. 그러므로 나는 하나님을 신뢰하는 이 삶에서 여러분의 성장과 기쁨이 지속되도록, 여러분의 동료로 여러분 곁에 좀 더 머물러 있으려고 합니다. 내가 여러분을 다시 방문하는 날, 멋진 재회

를 기대해도 좋습니다. 그날에 우리는 그리스도를 찬양하며
서로 기뻐할 것입니다.

²⁷⁻³⁰ 그때까지 그리스도의 **메시지**에 어울리는 명예로운 삶
을 사십시오. 여러분의 행동이 내가 가고 안 가고에 따라 달
라져서는 안됩니다. 내가 여러분에게 가서 직접 보든 멀리
서 소식만 전해 듣든 간에, 여러분의 행동은 한결같아야 합
니다. 한 비전을 품고 한마음으로 굳게 서서, 사람들이 **메시
지**, 곧 복된 소식을 신뢰하도록 분투하십시오. 대적하는 자
들 앞에서 조금도 위축되거나 몸을 빼는 일이 없게 하십시
오. 여러분의 용기와 하나됨은 적들에게 분명 위협이 될 것
입니다. 그들이 직면한 것은 패배요, 여러분이 직면한 것은
승리입니다. 이 둘은 모두 하나님에게서 오는 것입니다. 이
삶에는 그리스도를 신뢰하며 사는 것만 있는 것이 아니라,
그리스도를 위해 받는 고난도 있습니다. 고난은 신뢰만큼이
나 값진 선물입니다. 여러분은 내가 어떤 싸움을 싸워 왔는
지 보았고, 지금도 이 편지를 통해서 계속 소식을 듣고 있습
니다. 여러분도 똑같은 싸움을 지금 하고 있습니다.

종의 지위를 취하신 그리스도

2 ¹⁻⁴ 그러므로 여러분이 그리스도를 따름으로 무엇
을 얻었거나, 그분의 사랑으로 여러분의 삶에 얼마
간의 변화가 일어났거나, 성령의 공동체 안에 있는 것이 여
러분에게 어떤 의미가 있거나, 여러분에게 따뜻한 마음이

나 배려하는 마음이 있거든, 내 부탁을 들어주시기 바랍니다. 서로 뜻을 같이하고, 서로 사랑하고, 서로 속 깊은 벗이되십시오. 자신의 방식을 앞세우지 말고, 그럴듯한 말로 자신의 방식을 내세우지 마십시오. 자기를 제쳐 두고 다른 사람이 잘 되도록 도우십시오. 자기 이익을 꾀하는 일에 사로잡히지 마십시오. 자신을 잊을 정도로 도움의 손길을 내미십시오.

5-8 그리스도 예수께서 자기 자신을 생각하셨던 방식으로 여러분도 자기 자신을 생각하십시오. 그분은 하나님과 동등한지위셨으나 스스로를 높이지 않으셨고, 그 지위의 이익을고집하지도 않으셨습니다. 조금도 고집하지 않으셨습니다!때가 되자, 그분은 하나님과 동등한 특권을 버리고 종의 지위를 취하셔서, 사람이 되셨습니다! 그분은 사람이 되셔서,사람으로 사셨습니다. 그것은 믿을 수 없을 만큼 자신을 낮추는 과정이었습니다. 그분은 특권을 주장하지 않으셨습니다. 오히려 사심 없이 순종하며 사셨고, 사심 없이 순종하며죽으셨습니다. 그것도 가장 참혹하게 십자가에서 죽으셨습니다.

9-11 그 순종으로 말미암아 하나님께서는 그분을 높이 들어올리시고, 어떤 사람이나 사물도 받아 본 적 없는 영광을 그분에게 주셨습니다. 그리하여, 하늘과 땅에 있는 모든 피조물이—오래전에 죽어 땅에 묻힌 사람들까지도—예수 그리스도 앞에 절하고 경배하게 하시고 그분이 만물의 주이심을

찬양하게 하셔서, 하나님 아버지께 큰 영광을 돌리게 하셨
습니다.

함께 기뻐하십시오

12-13 친구 여러분, 내가 바라는 것은, 여러분이 처음부터 해
온 일을 계속해 달라는 것입니다. 내가 여러분 가운데 살 때
에, 여러분은 순종으로 응답하는 삶을 살았습니다. 지금은
내가 여러분과 떨어져 있지만, 계속해서 그렇게 사십시오.
아니, 한층 더 애쓰십시오. 구원받은 자의 삶을 힘차게 살
고, 하나님 앞에서 경건하고 민감하게 반응하십시오. 그 힘
이야말로 하나님이 주시는 힘이고, 여러분 안에 깊이 자리
한 힘입니다. 하나님은 자기를 가장 기쁘시게 할 만한 일을
바라시고 행하시는 분입니다.

14-16 무슨 일을 하든지 기꺼운 마음으로 흔쾌히 하십시오.
말다툼하거나 따지지 마십시오! 흠 없이 세상 속으로 들
어가, 이 더럽고 타락한 사회에 맑은 공기를 불어넣으십시
오. 사람들에게 선한 생활과 살아 계신 하나님을 볼 수 있
게 하십시오. 환하게 빛을 비춰 주는 메시지를 어둠 속에
전하십시오. 그러면 그리스도께서 오시는 날에 나는 여러
분에 대해 자랑할 것이 있을 것입니다. 여러분은 내가 한
이 모든 일이 헛수고가 아니었음을 보여주는 산 증거가 될
것입니다.

17-18 내가 지금 여기서 처형당한다 해도, 내가 여러분이 그

리스도의 제단에 믿음으로 바치는 제물의 일부가 되고 여러분 기쁨의 일부가 된다면, 나는 그것으로 기뻐할 것입니다. 그러니, 여러분도 나의 기쁨의 일부가 되어 나와 함께 기뻐해야 합니다. 무슨 일을 하든지, 내게 미안한 마음을 품지 마십시오.

19-24 나는 (예수의 계획을 따라) 조만간 디모데를 여러분에게 보내어, 할 수 있는 한 여러분의 소식을 모아서 돌아오게 하려고 합니다. 아, 그러면 내 마음은 실로 큰 기쁨을 얻을 것입니다! 내게는 디모데만한 사람이 없습니다. 그는 충직하고, 여러분을 진심으로 걱정하는 사람입니다. 이곳에 있는 대다수 사람들이 예수의 일에는 관심이 없고 자기 일에만 관심이 있습니다. 그러나 여러분도 알다시피, 디모데는 진국입니다. 우리가 메시지를 전하는 동안 그는 내게 충실한 아들이었습니다. 앞으로 이곳에서 내게 있을 일을 알게 되는 대로, 그를 보내려고 합니다. 나도 곧 그의 뒤를 따라가게 되기를 바라고 기도합니다.

25-27 그러나 지금 당장은 나의 좋은 벗이며 동역자인 에바브로디도를 급히 보내려고 합니다. 전에 여러분이 그를 보내어 나를 돕게 했으니, 이제는 내가 그를 보내어 여러분을 돕게 하겠습니다. 그는 여러분에게 돌아가기를 몹시도 사모했습니다. 여러분도 들었겠지만, 그는 병이 나은 뒤로 더욱 여러분에게 돌아가기를 원했습니다. 자기 병이 다 나았으니 여러분을 안심시키고 싶어 했습니다. 여러분도 알다시피,

그는 죽을 뻔했으나 하나님께서 자비를 베풀어 주셨습니다. 그리고 하나님은 내게도 자비를 베풀어 주셨습니다. 하마터 면 그의 죽음이 그 무엇보다도 큰 슬픔이 될 뻔했습니다.

28-30 그러니 그를 여러분에게 보내는 것이 내게 큰 기쁨인 이유를 여러분은 아실 것입니다. 그의 강건하고 기운찬 모 습을 다시 볼 때, 여러분은 얼마나 기뻐할 것이며 나는 또 얼마나 안심하겠습니까! 기쁨이 넘치는 포옹으로 그를 성 대히 맞아 주십시오! 그와 같은 사람은 여러분으로부터 가 장 좋은 것을 받을 자격이 있습니다. 여러분이 나를 위해 시 작했으나 마무리 짓지 못한 사역이 생각나는지요? 그는 그 일을 마무리하느라 목숨까지 걸었고, 그 일을 하다가 하마 터면 죽을 뻔했습니다.

그리스도를 주님으로 아는 특권

3 ¹ 우리 소식은 이쯤 하겠습니다. 친구 여러분, 하나 님 안에서 기뻐하십시오!

전에 편지로 한 말을 되풀이하는 것이 나는 번거롭지 않습 니다. 여러분도 그 내용을 다시 들으면서 귀찮아하지 않았 으면 합니다. 나중에 후회하는 것보다 안전한 길을 택하는 편이 낫지 않겠습니까? 그래서 다시 적습니다.

2-6 짖는 개들, 곧 참견하기 좋아하는 종교인들, 시끄럽기만 하고 실속은 없는 자들을 피하십시오. 그들이 관심 갖는 것 은 온통 겉모습뿐입니다. 나는 그들을, 수술하기 좋아하는

할례주의자라고 부릅니다. 진짜 믿는 사람은, 하나님의 영이 인도하시는 대로 이 사역을 부지런히 하고, 우리가 늘 하는 것처럼 그리스도를 찬양하는 소리를 공중에 가득 채우는 사람입니다. 우리 스스로의 노력으로는 이 일을 할 수 없습니다. 많은 사람들이 아무리 대단한 자격 조건들을 내세운다 해도, 우리 스스로의 노력으로는 이 일을 할 수 없음을 우리는 잘 알고 있습니다. 여러분은 나의 배경을 잘 알고 있습니다. 나는 합법적으로 태어나 여드레 만에 할례를 받았고, 엘리트 지파인 베냐민 출신의 이스라엘 사람이며, 하나님의 율법을 엄격하고 독실하게 준수했고, 내 종교의 순수성을 열렬히 수호하면서, 심지어 교회를 박해하기까지 했으며, 하나님의 율법책에 기록된 것을 낱낱이 지켰습니다.

7-9 나는 저들이 자랑스럽게 내세우는 조건들을, 내가 명예로이 여겼던 다른 모든 것과 함께 갈기갈기 찢어 쓰레기통에 내던졌습니다. 왜 그랬을까요? 그리스도 때문입니다. 그렇습니다. 내가 전에 그토록 중요하게 여겼던 모든 것이 내 삶에서 사라져 버렸습니다. 그리스도 예수를 내 주님으로 직접 아는 고귀한 특권에 비하면, 내가 전에 보탬이 된다고 여겼던 모든 것은 하찮은 것, 곧 개똥이나 다름없습니다. 나는 그 모든 것을 쓰레기통에 버렸습니다. 그것은 내가 그리스도를 품고, 또한 그분 품에 안기려는 것이었습니다. 그리스도를 신뢰하는 데서 오는 강력한 힘, 곧 하나님의 의를 얻고 나서부터는, 나열된 규칙이나 지키는 하찮고 시시한 의

는 조금도 바라지 않게 되었습니다.

10-11 그리스도를 직접 알고, 그분의 부활의 능력을 경험하고, 그분의 고난에 동참하면서 죽기까지 그분과 함께하기 위해, 나는 그 모든 하찮은 것을 버렸습니다. 죽은 자들 가운데서 살아나는 부활에 이르는 길이 있다면, 나는 그 길을 걷고 싶었습니다.

목표를 향한 달음질

12-14 내가 이 모든 것을 다 얻었다거나 다 이루었다고 말하는 것이 아닙니다. 나는 다만, 놀랍게도 나를 붙드신 그리스도를 붙잡으려고 내 길을 갈 뿐입니다. 친구 여러분, 내 말을 오해하지 마십시오. 나는 결코 나 자신을 이 모든 일의 전문가라고 생각지 않습니다. 나는 하나님께서 우리를 손짓하여 부르시는 그 목표, 곧 예수만을 바라볼 뿐입니다. 나는 달려갈 뿐, 되돌아가지 않겠습니다.

15-16 그러므로 하나님께서 우리를 위해 마련하신 것을 모두 얻으려는 사람들은, 그 목표에 초점을 맞추어야 합니다. 여러분이 전적인 헌신에 못 미치는 것을 마음에 품더라도, 하나님께서 여러분의 흐려진 시야를 깨끗하게 하심으로, 결국 여러분은 보게 될 것입니다! 이제 우리가 올바른 방향에 들어섰으니, 그 방향을 유지해야겠습니다.

17-19 친구 여러분, 내 뒤를 잘 따라오십시오. 같은 목표를 향해 우리와 같은 길을 달려가는 사람들을 놓치지 마십시오.

저기 바깥에는 우리와 다른 길을 걷고 다른 목표를 택하면서, 여러분을 그 길로 끌어들이려는 자들이 많습니다. 그들을 조심하라고 여러 차례 경고했지만, 유감스럽게도 다시 경고할 수밖에 없습니다. 그들은 편한 길만 바랍니다. 그들은 그리스도의 십자가를 싫어합니다. 그러나 편한 길은 막다른 길일 뿐입니다. 편한 길을 걷는 자들은 자신의 배를 신(神)으로 삼습니다. 트림이 그들의 찬양입니다. 그들의 머릿속에는 온통 먹는 생각뿐입니다.

²⁰⁻²¹ 그러나 우리에게는 더 나은 삶이 있습니다. 우리는 하늘의 시민입니다! 우리는 구원자이시며 주님이신 예수 그리스도가 오시기를 기다립니다. 그리스도께서 오셔서, 우리의 썩어질 몸을 그분의 몸과 같은 영광스러운 몸으로 바꾸어 주실 것입니다. 그분은 능하신 솜씨로 만물을 마땅히 있어야 할 자리, 곧 그분 아래와 주위에 머물게 하시는데, 바로 그 능하신 솜씨로 우리를 아름답고 온전하게 해주실 것입니다.

4 ¹ 사랑하는 친구 여러분, 내가 너무나 사랑하는 여러분, 나는 여러분이 가장 좋은 것을 누리기 원합니다. 여러분은 나의 크나큰 기쁨이며 큰 자랑입니다. 그러니 흔들리지 마십시오. 길에서 벗어나지 말고, 하나님 안에서 꾸준하십시오.

염려 대신 기도하십시오

² 유오디아와 순두게에게 권면합니다. 견해차를 해소하고 화해하십시오. 하나님께서는 자기 자녀들이 서로 미워하는 것을 원치 않으십니다.

³ 그리고 나와 멍에를 같이한 동역자에게 부탁합니다. 그대가 그들과 함께 있으니, 그들이 문제를 잘 해결하도록 최선을 다해 도와주십시오. 이 여인들은 글레멘드와 나, 그리고 다른 노련한 사람들과 협력하여 **메시지**를 전하려고 힘쓴 이들입니다. 그들은 우리만큼 열심히 일했습니다. 그들의 이름 또한 생명책에 기록되어 있다는 것을 잊지 마십시오.

⁴⁻⁵ 날마다, 온종일 하나님을 찬양하십시오. 하나님께 푹 **빠**지십시오! 만나는 모든 사람에게, 여러분이 그들 편이며 그들과 함께 일하며 그들을 거스르지 않는다는 것을, 할 수 있는 한 분명하게 보여주십시오. 주님이 곧 도착하신다는 것을 그들에게 알리십시오. 그분은 지금 당장이라도 나타나실 수 있습니다!

⁶⁻⁷ 마음을 졸이거나 염려하지 마십시오. 염려 대신 기도하십시오. 간구와 찬양으로 여러분의 염려를 기도로 바꾸어, 하나님께 여러분의 필요를 알리십시오. 그러면 여러분도 모르는 사이에, 하나님의 온전하심에 대한 감각, 곧 모든 것이 협력하여 선을 이루게 된다는 믿음이 생겨나서 여러분의 마음을 안정시켜 줄 것입니다. 그리스도께서 여러분 삶의 중심에서 염려를 쫓아내실 때 일어나는 일은 실로 놀랍기 그

지없습니다.

8-9 결론으로 말씀드립니다. 친구 여러분, 참된 것과 고귀한 것과 존경할 만한 것과 믿을 만한 것과 바람직한 것과 품위 있는 것을 마음에 품고 묵상하십시오. 최악이 아니라 최선을, 추한 것이 아니라 아름다운 것을, 저주할 만한 일이 아니라 칭찬할 만한 일을 생각하십시오. 내게서 배운 것과, 여러분이 듣고 보고 깨달은 것을 실천하십시오. 그러면 모든 것을 협력하게 하시는 하나님께서, 그분의 가장 탁월한 조화 속으로 여러분을 끌어들이실 것입니다.

빌립보 교우들의 향기로운 선물

10-14 나는 하나님 안에서 기쁩니다. 여러분이 짐작하는 것보다 훨씬 더 행복합니다. 내가 행복한 것은, 여러분이 다시 나에게 큰 관심을 보여주기 때문입니다. 여러분이 지금까지 나를 위해 기도하지 않았다거나 나를 생각지 않았다는 것이 아닙니다. 여러분에게는 그것을 보여줄 기회가 없었을 뿐입니다. 사실, 나는 개인적으로 무언가를 바라는 마음이 없습니다. 이제 나는 나의 형편이 어떠하든지 간에, 정말로 만족하는 법을 배웠습니다. 나는 적은 것을 가지고도 많은 것을 가진 것처럼 행복하고, 많은 것을 가지고도 적은 것을 가진 것처럼 행복합니다. 나는 배부르거나 굶주리거나, 많이 가졌거나 빈손이거나 행복하게 살 수 있는 비결을 찾았습니다. 내가 가진 것이 무엇이든지, 내가 어디에 있든지, 나를

지금의 나로 만들어 주시는 분 안에서 나는 모든 것을 해낼 수 있습니다. 내 말은 여러분이 나를 많이 도와주지 않았다는 뜻이 아닙니다. 여러분은 나를 많이 도와주었습니다. 내가 고난당할 때 여러분이 나와 함께해 준 것은 아름다운 일이었습니다.

15-17 빌립보의 교우 여러분, 여러분도 잘 알고 나도 잊지 않겠지만, 내가 처음 마케도니아를 떠나 담대히 **메시지**를 전하러 나아갈 때에, 이 일에 협력하여 도움을 준 교회는 여러분밖에 없었습니다. 내가 데살로니가에 있을 때에도, 여러분은 한 번만 아니라 두 번이나 내게 도움을 주었습니다. 나는 헌금을 바라지 않습니다. 다만 여러분이 관대한 행위에서 오는 복을 경험하기 원하는 마음뿐입니다.

18-20 지금 나는 모든 것을 가지고 있고, 더 많이 얻고 있습니다! 여러분이 에바브로디도 편에 보내준 선물은 차고 넘쳤습니다. 그것은 제단에서 타올라 주위를 향기로 가득 채우고, 하나님의 마음을 끝없이 흡족하게 해드리는 향기로운 제물과 같습니다. 하나님께서 여러분의 모든 필요를 해결해 주시며, 그분의 관대하심이 예수께로부터 흘러나오는 영광 중에 여러분의 관대함을 훨씬 능가한다는 것을 확신하십시오. 우리 하나님 아버지는 영광이 충만하셔서, 영원토록 영광이 넘쳐나는 분이십니다. 정말 그렇습니다.

21-22 만나는 모든 그리스도인들에게 안부를 전해 주십시오. 이곳에 있는 우리의 벗들도 여러분에게 문안합니다. 이곳에

있는 모든 그리스도인들, 특히 황제의 궁궐에서 일하는 믿
는 이들이 여러분에게 안부를 전합니다.
²³ 주 예수 그리스도의 놀라우신 은혜를, 여러분 안에 깊이
깊이 받아들이고 생생히 경험하십시오.

예수에 관한 이야기를 전부 듣고 그분의 삶과 가르침, 십자가의 죽으심과 부활의 참된 사실을 알게 된 사람이, 그분을 무심하게 지나쳐 버리거나 대수롭지 않게 여기는 경우는 거의 없다. 물론 그분의 이야기를 모르거나 잘못 전해 들은 사람은 그분을 거부할 것이다. 그러나 예외적인 경우를 뺀 대부분의 사람들은, 자신이 지금 대단히 뛰어나고 위대한 분을 대하고 있음을 본능적으로 알아차린다.

그러나 예수를 진심으로 중요하게 여기는 사람들조차도, 흔히 그분을 그분만큼이나 중요해 보이는 다른 사람들─부처, 모세, 소크라테스, 마호메트처럼 역사의 신기원을 연 인물이나 개인적으로 선호하는 그 밖의 인물들─과 같은 위치에 둔다. 이 사람들에게 예수는 중요한 인물이지만, 그들의 중심은 아니다. 예수의 명성은 무시 못하지만, 다른 인물에 비해 크게 탁월한 것은 아니다.

골로새라는 도시에 있는 그리스도인들 가운데 적어도 몇몇 사람들은 그렇게 생각했던 것 같다. 그들은 이러저러한 영적 존재와 예수를 동급으로 여겼던 것이다. 바울은 그들에게 편지를 보내어, 메시아이신 예수를 다시 그들 삶의 중심에 돌려놓으려고 했다.

거창한 말과 지적인 체하는 모호한 말로 여러분을 현혹하려는 사람들이 있으니 조심하십시오. 그들은 아무 성과도 없는 끝없는 논쟁에 여러분을 끌어들이려고 합니다. 그들은 인간의 헛된 전통과 영적 존재에 대한 허망한 미신을 유포함으로써 자신들의 사상을 퍼뜨리는 자들입니다. 그러나 그것은 그리스도의 길이 아닙니다. 그리스도 안에는 하나님의 모든 것이 표현되어 있어서, 여러분은 분명하게 그분을 볼 수 있고 그분의 말씀을 들을 수 있습니다. 그리스도의 충만하심을 알고, 또 그분 없이는 우주가 공허하다는 사실을 알기 위해서, 망원경이나 현미경이나 점성술 같은 것이 필요한 것은 아닙니다. 그분께 다가가기만 하면, 여러분에게도 그분의 충만하심이 나타날 것입니다. 그분의 능력은 모든 것에 두루 미칩니다(골 2:8-10).

바울이 논증하는 방식은 그가 논증하는 내용만큼이나 의미 있다. 많은 사람들이 예수의 유일성을 주장하지만, 그러한 주장은 종종 예수와 전혀 어울리지 않는 거만한 태도로 개진된다. 때로는 난폭하게 강요되기까지 한다.

그러나 바울은 그리스도께서 창조와 구원의 중심에 계시며, 그분과 견줄 자가 없음을 굳게 확신하면서도 오만한 태도를 보이지 않는다. 난폭하게 강요하지도 않는다. 그는 몸에 밴 겸손한 자세로 논증한다. 그의 편지에는 가장 사려 깊은 사랑의 에너지가 담겨 있다. 명석하고 타협할 줄 모르는 지성과, 따뜻하고 놀라울 정도로 친절한 마음의 결합을 우리는 그에게서 다시 한번 보게 된다. 우리 그리스도인들은 바울이 보여준 그 같은 모습에 고마워하지 않을 수 없다.

하나님께서 새로운 사랑의 삶을 살라고 여러분을 택하셨으니, 하나님께서 여러분을 위해 골라 주신 옷, 곧 긍휼과 친절과 겸손과 온화한 힘과 자제심의 옷을 입으십시오. 평온한 마음을 유지하고, 높은 자리가 아니어도 만족하며, 기분 상하는 일이 있어도 재빨리 용서하십시오. 주님께서 여러분을 용서하신 것같이, 여러분도 신속하고 완전하게 용서하십시오. 그 밖에 다른 무엇을 입든지 사랑을 입으십시오. 사랑이야말로 여러분이 어떤 경우에든 기본적으로 갖춰 입어야 할 옷입니다. 사랑 없이 행하는 일이 절대로 없게 하십시오(골 3:12-14).

골로새서

1 ¹⁻² 나 바울은, 하나님께서 세우신 큰 계획의 일부로서, 그리스도께 특별한 임무를 부여받았습니다. 나와 나의 벗 디모데는, 골로새에 있는 그리스도인들과 그리스도를 충직하게 따르는 모든 이들에게 문안합니다. 하나님 우리 아버지께서 주시는 온갖 좋은 것이 여러분에게 있기를 바랍니다!

감사가 넘치는 기도

³⁻⁵ 여러분을 위해 기도할 때마다 우리는 항상 감사가 넘쳐납니다. 우리는 여러분으로 인해 우리 아버지 하나님과 메시아이신 예수께 끊임없이 감사를 드립니다. 우리는 여러분이 한결같은 마음으로 우리 예수 그리스도를 잘 믿고 있으

며, 모든 그리스도인에게 끊임없이 사랑을 베풀고 있다는 소식을 전해 듣고 있습니다. 여러분의 삶에 놓인 목표는 동아줄 같아서, 결코 느슨해지지 않을 것입니다. 그것은 하늘에 있는 여러분의 미래와 단단히 연결되어 있고, 희망으로 든든히 묶여 있기 때문입니다.

5-8 **메시지**는 여러분이 처음 들었을 때와 마찬가지로 지금도 여러분 가운데서 참되며, 세월이 지나도 위축되거나 약해지지 않으며, 이 세상 어디에서나 한결같습니다. **메시지**는 여러분 안에서 그랬던 것처럼, 열매를 맺으며 점점 더 커지고 점점 더 튼실해지고 있습니다. 하나님께서 어떤 일을 하고 계신지를 여러분이 듣고 깨달은 첫날부터, 여러분은 **메시지**를 더욱 사모했습니다. **메시지**는 여러분이 우리의 벗이자 절친한 동료인 에바브라에게서 들었을 때와 마찬가지로, 지금도 여러분 안에서 왕성하게 움직이고 있습니다. 에바브라는 그리스도의 듬직한 일꾼이며, 내가 늘 의지하는 사람입니다! 그는 성령께서 여러분의 삶을 얼마나 속속들이 사랑으로 물들게 하셨는지 우리에게 알려 준 사람입니다.

9-12 여러분의 소식을 들은 날부터 우리는 여러분을 위해 쉬지 않고 기도하면서, 하나님께서 여러분에게 그분의 뜻에 맞는 지혜로운 마음과 영을 주시기를 구했습니다. 또한 우리는 하나님께서 일하시는 방법을 여러분이 완전히 이해할 수 있게 해달라고 간구했습니다. 우리는 여러분이 주님의 과수원에서 주님께서 자랑스러워하실 정도로 열심히 일하

고, 주님을 위해 더할 나위 없이 훌륭하게 살기를 기도합니다. 하나님께서 일하시는 방식을 알면 알수록, 여러분은 여러분의 일을 어떻게 해야 할지 더욱 알게 될 것입니다. 우리는 여러분이 여러분의 일을 끝까지 해낼 수 있는 힘—이를 바득바득 갈면서 마지못해 하는 힘이 아니라 하나님이 주시는 그 영광스러운 힘—을 받게 되기를 바랍니다. 그것은 견딜 수 없는 것을 견디는 힘, 기쁨이 넘쳐나는 힘, 우리를 강하게 하셔서 우리를 위해 마련해 두신 온갖 밝고 아름다운 일에 참여하게 하시는 아버지께 감사드리는 힘입니다.

13-14 하나님께서는 우리를 막다른 길과 어두운 소굴에서 구출하셔서, 그분이 몹시 아끼시는 아들의 나라로 옮겨 주셨습니다. 그 아들은 수렁에서 우리를 건지시고, 반복해서 지을 수밖에 없던 죄에서 우리를 벗어나게 해주셨습니다.

모든 것을 연결하시는 그리스도

15-18 우리는 이 아들을 보면서, 보이지 않는 하나님을 봅니다. 우리는 이 아들을 보면서, 모든 피조물에 깃들어 있는 하나님의 원래 목적을 봅니다. 모든 것이—위에 있는 것과 아래에 있는 것, 보이는 것과 보이지 않는 것, 천사 위의 천사 위의 천사들까지—참으로 모든 것이 그분 안에서 시작되고, 그분 안에서 자신의 목적을 찾기 때문입니다. 그분은 만물이 존재하기 전부터 계셨고, 지금 이 순간에도 만물을 유지하고 계십니다. 또한 그분은, 머리와 몸의

관계처럼 교회를 하나의 유기체로 조직하시고 유지시켜 주
시는 분입니다.

18-20 그분은 처음에도 으뜸이 되셨고—부활 행진을 이끄시
며—마지막에도 으뜸이 되십니다. 그분은 처음부터 끝까지
계시며, 만물과 모든 사람보다 단연 뛰어나신 분입니다. 그
분은 어찌나 광대하고 광활하신지, 만물이 그분 안에서 저
마다 알맞은 자리를 차지해도 전혀 비좁지 않습니다. 그뿐
만이 아닙니다. 사람과 사물, 동물과 원자 할 것 없이 깨지
고 조각난 우주의 모든 파편이, 그분의 죽으심과 그분이 십
자가에서 쏟으신 피로 말미암아 제자리를 얻고, 서로 어우
러져 힘찬 조화를 이룹니다.

21-23 바로 여러분은 하나님께서 어떤 일을 하고 계신지를 보
여주는 사례입니다. 한때 여러분 모두는 하나님을 등지고,
하나님께 반역하는 마음을 품으며, 기회 있을 때마다 하나
님을 괴롭게 해드렸습니다. 그러나 그리스도께서는 십자가
에서 자기를 완전히 내어주시고, 실제로 여러분을 위해 죽
으셨습니다. 그리스도께서 여러분을 하나님께 데려가셔서,
여러분의 삶을 회복시켜 하나님 앞에 온전하고 거룩하게 하
셨습니다. 그 같은 선물을 버리고 떠나가서는 안됩니다! 여
러분은 신실한 결속에 터를 잡고 든든히 서서, 끊임없이 **메
시지**에 주파수를 맞추고, 마음이 흐트러지거나 주의를 빼앗
기는 일이 없도록 조심하십시오. 다른 **메시지**는 없습니다.
이 **메시지**뿐입니다. 하늘 아래 있는 모든 피조물이 이 **메시**

지를 받고 있습니다. 나 바울은 이 **메시지**를 전하는 심부름
꾼입니다.

❦

²⁴⁻²⁵ 이 감옥에 여러분이 아니라 내가 갇혀 있는 것이 얼마
나 감사한지 모릅니다. 이 세상에는 우리가 받아야 할 고난
이 많습니다. 그것은 그리스도께서 겪으신 것과 같은 고난
입니다. 나는 교회가 겪는 이 고난에 참여할 기회를 기꺼이
환영합니다. 나는 이 교회의 일꾼이 되어 이 고난을 순전한
선물로 받았습니다. 그것은 나로 하여금 여러분을 섬기고,
온전한 진리를 전하게 하시려는 하나님의 방법이었습니다.
²⁶⁻²⁹ 이 비밀은 오랫동안 감추어져 있었지만, 지금은 환히
드러났습니다. 하나님께서는 유대인뿐 아니라 모든 사람이,
자신의 배경과 종교적 입장에 상관없이, 이 충만하고 영광
스러운 비밀을 속속들이 알기를 원하셨습니다. 이 비밀을
간단히 말씀드리면, 그리스도께서 여러분 안에 계시며, 그
분으로 인해 여러분이 하나님의 영광에 참여할 수 있게 되
었다는 것입니다. 간단하지만, 이것이 **메시지**의 핵심입니
다. 우리는 **메시지**에 무언가를 보태지 않도록 사람들에게
주의를 주면서 그리스도를 전합니다. 우리는 각 사람을 성
숙시키기 위해 깊이 있는 분별력을 가지고 가르칩니다. 성
숙해진다는 것은 기본으로 돌아간다는 것입니다. 바로 그리
스도께로 말입니다! 그 이상도 그 이하도 아닙니다. 내가 날

마다 해마다 힘쓰는 일, 너무나 풍성히 베풀어 주시는 하나
님의 힘으로 최선을 다해 하는 일이, 바로 그것입니다.

2 ¹ 여러분과 라오디게아에 있는 그리스도인들을 위해
내가 얼마나 열심히 일하고 있는지, 여러분이 알기
원합니다. 여러분 가운데 나를 직접 만나 본 사람이 많지 않
지만, 그것은 중요하지 않습니다. 내가 여러분을 지지하고,
여러분과 함께한다는 사실을 알고 계십시오. 여러분은 혼자
가 아닙니다.

²⁻⁴ 나는 여러분이 다채로운 색실로 엮인 비단처럼 사랑으
로 함께 연결되어, 하나님을 아는 모든 일에 닿아 있기를
바랍니다. 그러면 여러분의 마음은 하나님의 위대한 비밀
이신 그리스도께 초점이 맞춰지고, 확신과 평안을 얻을 것
입니다. 온갖 지혜와 지식의 보화가 그 비밀 안에 풍성하
게 들어 있습니다. 이는 다른 어디에서도 찾을 수 없습니
다. 이제 그 비밀이 우리에게 환히 드러났습니다! 내가 이
말을 하는 것은, 누군가가 여러분을 꾀어 이상한 것을 추
구하게 하거나, 다른 비밀이나 "비법"을 추구하지 못하게
하려는 것입니다.

⁵ 내가 멀리 떨어져 있고 여러분도 나를 볼 수 없지만, 나는
여러분 편이며 여러분 바로 곁에 있는 것이나 다름없습니
다. 나는 여러분이 조심스럽고도 질서 있게 일한다는 소식

을 듣고 기뻐하며, 그리스도를 믿는 여러분의 믿음이 굳건
하고 튼실한 것에 감동하고 있습니다.

실체이신 그리스도

6-7 단순하고 직설적으로 권면합니다. 여러분이 이미 받은
것을 가지고 전진하십시오. 여러분은 그리스도 예수, 곧 주
님을 받아들였습니다. 그러니 이제 그분의 삶을 사십시오.
여러분은 그분 안에 깊이 뿌리를 내렸습니다. 그분 위에 굳
건히 세우심을 받았습니다. 여러분은 그분을 믿는 것이 무
엇인지 잘 알고 있습니다. 그러니 이제 가르침 받은 대로 행
하십시오. 수업은 끝났습니다. 배우는 일은 그만두고, 배운
대로 사십시오! 여러분의 삶을 감사로 넘치게 하십시오.

8-10 거창한 말과 지적인 체하는 모호한 말로 여러분을 현혹
하려는 사람들이 있으니 조심하십시오. 그들은 아무 성과도
없는 끝없는 논쟁에 여러분을 끌어들이려고 합니다. 그들은
인간의 헛된 전통과 영적 존재에 대한 허망한 미신을 유포
함으로써 자신들의 사상을 퍼뜨리는 자들입니다. 그러나 그
것은 그리스도의 길이 아닙니다. 그리스도 안에는 하나님의
모든 것이 표현되어 있어서, 여러분은 분명하게 그분을 볼
수 있고 그분의 말씀을 들을 수 있습니다. 그리스도의 충만
하심을 알고, 또 그분 없이는 우주가 공허하다는 사실을 알
기 위해서, 망원경이나 현미경이나 점성술 같은 것이 필요
한 것은 아닙니다. 그분께 다가가기만 하면, 여러분에게도

그분의 충만하심이 나타날 것입니다. 그분의 능력은 모든 것에 두루 미칩니다.

11-15 여러분이 무언가를 깨닫거나 성취해야 그분의 충만하심에 들어가는 것은 아닙니다. 할례를 받거나 장황한 율법 조문을 준수한다고 되는 것도 아닙니다. 여러분은 이미 그분의 충만하심을 경험한 사람들입니다. 그것은 비밀스러운 입회 의식을 통해 이루어진 것이 아니라, 그리스도께서 여러분을 위해 이미 행하신 일, 곧 죄의 권세를 멸하신 일을 통해 이루어진 것입니다. 여러분이 추구하는 것이 입회 의식이라면, 여러분은 이미 세례를 받음으로써 그 의식을 치렀습니다. 물 속으로 들어간 것은 여러분의 옛 삶을 장사 지낸 것이고, 물에서 나온 것은 새로운 삶으로 부활한 것입니다. 하나님께서는, 그리스도께 하셨던 것처럼 여러분을 죽은 자들 가운데서 일으키셨습니다. 여러분이 죄로 죽을 수밖에 없는 옛 생활을 고수하던 때에는 하나님께 반응할 수 없었습니다. 그러나 하나님은 여러분을 그리스도와 함께 살리셨습니다! 그 사실을 생각하십시오! 여러분의 모든 죄가 용서받았고, 여러분의 이력이 깨끗해졌으며, 여러분을 체포하기 위해 발부되었던 구속 영장이 취소되어 그리스도의 십자가에 못 박혔습니다. 하나님께서는 이 세상의 모든 영적 압제자들의 거짓 권위를 십자가에서 폭로하시고, 그들을 벌거벗겨 거리를 행진하게 하셨습니다.

16-17 그러므로 음식, 예식, 축제일과 관련된 세부 조항들로

여러분을 압박하는 사람들을 그냥 내버려 두지 마십시오. 그 모든 것은 장차 올 것 앞에 드리워진 그림자일 뿐입니다. 실체는 그리스도이십니다.

18-19 여러분을 굽실거리게 하고, 천사에 빠져 있는 자신들과 한패가 되게 하며, 환상에 매달리게 하여 여러분의 삶을 조종하려는 사람들을 용납하지 마십시오. 그들은 허풍으로 가득 찬 자들입니다. 그것이 그들의 전부입니다. 그들은 생명의 원천이신 분, 곧 우리를 하나되게 하시는 그리스도와 아무 관계가 없습니다. 그러나 우리에게는 그리스도의 참된 숨이 드나들고 그분의 피가 흐르고 있습니다. 그분은 머리이시고, 우리는 몸입니다. 그분께서 영양을 공급하실 때만 우리는 하나님 안에서 건강하게 자랄 수 있습니다.

20-23 여러분은 그리스도와 함께 저 거짓되고 유치한 종교를 떠났습니다. 그런데도 여러분 스스로 그 종교에 휘둘리고 있으니 어찌 된 노릇입니까? [그 종교는 이렇게 말합니다.] "이것은 만지지 마라! 저것은 맛보지 마라! 이것은 하지 마라!" 여러분은 오늘 여기 있다가 내일이면 없어지고 말 것들에 주목할 가치가 있다고 생각하십니까? 한껏 폼을 잡고 이야기하면, 그런 것들이 인상적으로 들리기는 합니다. 심지어 경건하거나 겸손해 보이며 금욕하는 것 같은 착각을 주기도 합니다. 그러나 그것들은 자신을 과시하고 드러내 보이는 또 다른 방편에 불과합니다.

참된 생명이신 그리스도

3

1-2 여러분이 진심으로 그리스도와 더불어 이 새로운 부활의 삶을 살고자 한다면, 그렇게 행하십시오. 그리스도께서 주관하시는 것들을 추구하십시오. 발을 질질 끌며 땅만 쳐다보고 다니거나, 바로 눈앞에 있는 것들에 관심을 빼앗기지 마십시오. 위를 바라보고, 그리스도 주위에 무슨 일이 일어나고 있는지에 주목하십시오. 정말 중요한 일이 벌어지고 있는 곳은 바로 그곳입니다! 그분의 시각에서 사물을 보십시오.

3-4 여러분의 옛 삶은 죽었습니다. 여러분의 새 삶, 참된 삶은—구경꾼들에게는 잘 보이지 않겠지만—하나님 안에서 그리스도와 함께하는 삶입니다. 그분이야말로 여러분의 생명입니다. 기억하십시오. 여러분의 참된 생명이신 그리스도께서 이 세상에 다시 나타나실 때에, 여러분의 참 모습, 여러분의 영광스러운 모습도 드러날 것입니다. 그때까지는 그리스도께서 그러셨던 것처럼, 세상에 알려지지 않더라도 만족하십시오.

5-8 이는 죽음의 길과 관련된 모든 것—불륜, 더러운 행위, 정욕, 무엇이든 하고 싶을 때 자기 마음대로 하려는 마음, 마음에 드는 것이면 무엇이든 움켜쥐려는 마음—을 죽이는 것입니다. 그런 삶은 하나님이 만드신 것이 아니라 물질과 감정이 만들어 낸 것입니다. 하나님께서는 그러한 삶에 진노를 발하십니다. 얼마 전까지만 해도 여러분은 더 나은 삶

을 알지 못한 채 그 모든 행위를 일삼았습니다. 그러나 이제
더 나은 삶을 알고 있으니, 그 모든 것을 영원히 확실하게
버리십시오. 분노와 급한 성미와 비열한 행위와 불경한 짓
과 무례한 말을 버리십시오.

9-11 서로 거짓말하지 마십시오. 여러분은 옛 삶을 청산했습니
다. 그것은 맞지 않는 더러운 옷과 같아서, 여러분은 이미
그 옷을 벗어서 불 속에 던져 넣었습니다. 이제 여러분은 새
옷을 입었습니다. 여러분의 새로운 생활방식은 창조주께서
하나하나 맞춤제작하셔서 손수 꼬리표를 달아 놓으신 것입
니다. 이제 낡은 생활방식은 모두 쓸모없게 되었습니다. 유
대인과 이방인, 종교인과 비종교인, 안에 있는 사람과 밖에
있는 사람, 야만인과 천박한 사람, 종과 자유인 같은 단어들
은 의미가 없습니다. 이제부터 모든 사람은 그리스도로 말
미암아 규정되며, 그리스도 안에 들어와 있습니다.

12-14 하나님께서 새로운 사랑의 삶을 살라고 여러분을 택하
셨으니, 하나님께서 여러분을 위해 골라 주신 옷, 곧 긍휼과
친절과 겸손과 온화한 힘과 자제심의 옷을 입으십시오. 평온
한 마음을 유지하고, 높은 자리가 아니어도 만족하며, 기분
상하는 일이 있어도 재빨리 용서하십시오. 주님께서 여러분
을 용서하신 것같이, 여러분도 신속하고 완전하게 용서하십
시오. 그 밖에 다른 무엇을 입든지 사랑을 입으십시오. 사랑
이야말로 여러분이 어떤 경우에든 기본적으로 갖춰 입어야
할 옷입니다. 사랑 없이 행하는 일이 절대로 없게 하십시오.

15-17 그리스도의 평화가 여러분을 서로 조화롭게 하고 보조를 맞추게 하십시오. 이것을 상실한 채 자신의 일에만 몰두하는 일이 없도록 하십시오. 그리고 감사하는 마음을 기르십시오. 그리스도의 말씀, 곧 **메시지**가 여러분의 삶을 마음껏 드나들게 하십시오. **메시지**가 여러분 삶에 속속들이 스며들도록 충분한 자리를 만드십시오. 분별 있게 서로 가르치고 지도하십시오. 마음을 다해 하나님을 노래하고 찬양하십시오! 살아가면서 말이나 행위나 그 무엇이든지 주 예수의 이름으로 하고, 걸음을 뗄 때마다 하나님 아버지께 감사하십시오.

18 아내 여러분, 남편에게 순종함으로 남편을 이해하고 지지해 주십시오. 그것이 주님을 영화롭게 하는 일입니다.

19 남편 여러분, 전심으로 아내를 사랑하십시오. 아내를 속이지 마십시오.

20 자녀 여러분, 부모가 여러분에게 하는 말을 따르십시오. 그것은 주님을 한없이 기쁘게 해드리는 일입니다.

21 부모 여러분, 여러분의 자녀를 너무 호되게 꾸짖지 마십시오. 그들의 기를 꺾지 않도록 하십시오.

22-25 종으로 있는 여러분, 이 세상 주인이 시키는 대로 따르십시오. 어물쩍 넘기지 마십시오. 최선을 다하십시오. 여러분의 진짜 주인이신 하나님께 하듯 마음을 다해 일하고, 유

산을 상속받을 때 충분히 보상을 받게 되리라고 확신하십시오. 여러분이 섬기는 궁극적인 주인은 그리스도이심을 늘 명심하십시오. 눈가림으로 일하는 굼뜬 종은 그 책임을 지게 될 것입니다. 예수를 따르는 사람이라고 해서 일을 잘못해도 묵과되는 것은 아닙니다.

4 ¹ 그리고 주인 된 여러분, 종을 사려 깊게 대하십시오. 그들을 공정하게 대우하십시오. 여러분도 주인을, 곧 하늘에 계신 하나님을 섬기고 있음을 한시도 잊지 마십시오.

메시지의 비밀을 전하도록 기도해 주십시오

²⁻⁴ 부지런히 기도하십시오. 감사하는 마음으로 눈을 크게 뜨고 깨어 있으십시오. 내가 이렇게 감옥에 갇혀 있는 동안에도, 하나님께서 문을 활짝 열어 주셔서 그리스도의 비밀을 전할 수 있도록, 우리를 위해 기도하기를 잊지 마십시오. 내가 입을 열 때마다 사람들에게 그리스도를 대낮처럼 분명하게 나타낼 수 있도록 기도해 주십시오.

⁵⁻⁶ 교회 밖의 사람들 가운데서 일하며 살아갈 때는 지혜롭게 행하십시오. 좋은 기회를 놓치지 마십시오. 모든 기회를 선용하십시오. 말할 때에는 은혜가 넘치게 하십시오. 대화할 때는 다른 사람을 깎아내리거나 제치는 것이 아니라, 그들에

게서 가장 좋은 점을 이끌어 내는 것을 목표로 삼으십시오.

7-9 나의 착한 벗 두기고가 나의 사정을 여러분에게 전부 알려 줄 것입니다. 그는 주님을 섬기는 일에 믿음직한 사역자이자 동료입니다. 내가 그를 보낸 것은 여러분에게 우리의 사정을 알리고, 여러분의 믿음을 격려하게 하려는 것입니다. 그와 함께 오네시모도 보냈습니다. 오네시모는 여러분과 동향 사람인데, 믿음직하고 신실한 형제가 되었습니다! 그들이 이곳에서 지금까지 진행된 모든 일을 여러분에게 전해 줄 것입니다.

10-11 나와 함께 이곳 감옥에 갇혀 있는 아리스다고가 안부를 전합니다. 바나바의 사촌 마가도 문안합니다(여러분은 전에 그에 대한 편지를 받았으니, 그가 여러분에게 가거든 잘 맞아 주십시오). 사람들이 유스도라고 부르는 예수도 문안합니다. 이전에 함께하던 무리 가운데 나를 떠나지 않고 남아서 하나님 나라를 위해 일한 사람은 이들뿐입니다. 이들이 얼마나 큰 도움이 되었는지 모릅니다!

12-13 여러분과 동향 사람인 에바브라가 문안합니다. 그는 참으로 훌륭한 용사입니다! 그는 여러분을 위해 꾸준히 기도해 온 사람입니다. 그는 여러분이 굳게 서서, 하나님께서 바라시는 모든 일을 성숙하게, 확신을 가지고 행하기를 기도하고 있습니다. 그를 면밀히 살펴본 나는, 그가 여러분을 위해 그리고 라오디게아와 히에라볼리에 있는 사람들을 위해 얼마나 열심히 일했는지 말할 수 있습니다.

¹⁴ 좋은 벗이자 의사인 누가와 데마도 인사합니다.

¹⁵ 라오디게아에 있는 우리 교우들에게 안부를 전해 주십시오. 눔바와 그 집에서 모임을 갖는 교회에도 안부를 전해 주십시오.

¹⁶ 이 편지를 읽은 다음에 라오디게아 교회도 읽게 하십시오. 그리고 여러분도 내가 라오디게아 교회로 보낸 편지를 받아서 읽어 보시기 바랍니다.

¹⁷ 그리고 아킵보에게 "주님에게서 받은 일에 최선을 다하라. 진실로 최선을 다하라"고 일러 주십시오.

¹⁸ 나 바울이 친필로 "바울"이라고 서명합니다. 감옥에 갇힌 나를 위해 잊지 말고 기도해 주십시오. 은혜가 여러분과 함께하기를 바랍니다.

데살로니가전후서 | 머리말

우리가 미래를 어떤 식으로 그리느냐에 따라 현재의 모습이
달라지고, 그날그날 이루어지는 행위의 윤곽과 사고의 품격
이 결정된다. 미래관이 분명하지 않은 사람은 무력하게 살
게 마련이다. 수많은 정서적·정신적 질환과 대부분의 자살
이 "미래가 없다"고 느끼는 사람들에게서 일어난다.

기독교 신앙의 특징은 언제나 강력하고 분명한 미래관이
었다. 그 미래관의 가장 구체적인 특징은, 그리스도께서 다
시 오신다는 믿음이다. 예수를 따르는 사람들은 그분께서 승
천하신 날부터 그분의 오심을 기다리며 살았다. 예수께서는
자신을 따르는 이들에게 다시 오시겠다고 말씀하셨다. 그리
고 그들은 다시 오시겠다는 그분의 약속을 믿었다. 바울은
자신의 편지에서 "아무 의심 없이" 다음과 같이 말한다.

우리에게는 이에 관한 주님의 말씀이 있습니다. 주님께서
우리를 데려가시기 위해 다시 오실 때, 우리 가운데 죽지
않고 살아 있는 사람들이라도 죽은 사람들을 앞서지 못할
것입니다. 실제로, 죽은 사람들이 우리보다 먼저일 것입

니다. 주님께서 친히 호령하실 것입니다. 천사장의 천둥 같은 소리가 들릴 것입니다! 하나님의 나팔소리가 울릴 것입니다! 주님께서 하늘로부터 내려오시고 그리스도 안에서 죽은 사람들이 일어날 것입니다. 그들이 먼저 갈 것입니다. 그런 다음에, 우리 가운데 그때까지 죽지 않고 살아 있는 사람들이 그들과 함께 구름 속으로 이끌려 올라가서 주님을 만나 뵐 것입니다. 오, 우리는 기뻐 뛸 것입니다! 그 후에, 주님과 함께하는 성대한 가족모임이 있을 것입니다(살전 4:15-17).

그분을 따르는 사람들은 지금도 그 믿음을 붙들며 산다. 그리스도인에게는 미래를 알고 믿는 것이 가장 중요하기 때문이다.

이러한 믿음 때문에 우리는 현재의 매순간을 희망으로 마주할 수 있다. 미래가 예수의 다시 오심으로 인해 결정되는 것이라면, 불안에 떨거나 환상에 잠길 이유가 없기 때문이다. 예수께서 다시 오신다는 믿음은 우리 삶에서 혼란을 제거한다. 그리고 우리는 훨씬 더 자유롭게 하나님의 자유에 응답할 수 있게 된다.

그럼에도 불구하고 이 믿음은 오해를 받기도 한다. 어떤 사람에게는 꼼짝 못하게 하는 두려움으로 다가오기도 하고, 어떤 사람에게는 끝없는 게으름을 조장하는 수단이 되기도 한다. 바울은 데살로니가 그리스도인들에게 보낸 두 통의 편지에서, 무엇보다도 사람을 무력하게 만드는 잘못된 생각을 바로잡는다. 그리고 하나님께서 장차 예수 안에서 이루실 일을 확신하면서, 팽팽한 긴장감과 즐거운 마음으로 계속해서 살아가도록 격려한다.

그러므로 친구 여러분, 땅에 발을 딛고 굳게 서서 머리를 치켜드십시오. 우리의 말과 편지로 배운 가르침을 굳게 붙잡으십시오. 사랑으로 다가오셔서 끊임없는 도움과 확신을 선물로 주시며 여러분을 놀랍게 하신 예수와 하나님 우리 아버지께서, 친히 여러분 안에 새로운 마음을 주시고, 여러분의 일을 격려하시며, 여러분의 말에 생기를 더해 주시기를 바랍니다(살후 2:15-17).

데살로니가전서

1

¹ 나 바울과 실루아노와 디모데는 데살로니가 교회, 곧 하나님 아버지와 주 예수 그리스도께서 모아 주신 그리스도인들에게 문안합니다. 놀라우신 하나님의 은혜가 여러분과 함께하기를, 하나님의 든든한 평화가 여러분과 함께하기를 바랍니다!

강철 같은 확신

2-5 우리는 여러분을 생각할 때마다 여러분을 두고 하나님께 감사를 드립니다. 우리는 하나님 우리 아버지 앞에서, 여러분의 믿음의 행위와 사랑의 수고와 우리 주 예수 그리스도를 따르면서 보여준 소망의 인내를 떠올리며 밤낮으로 기도합니다. 친구 여러분, 우리는 하나님께서 여러분을 몹시 사

랑하실 뿐만 아니라 여러분에게 안수하셔서 특별한 일을 맡기신 것을 잘 알고 있습니다. 우리가 여러분에게 전한 **메시지**는 그저 말에 그치지 않았습니다. 여러분 안에 무엇인가 중요한 일이 일어났습니다. 성령께서 여러분의 확신을 강철같게 해주셨습니다.

5-6 여러분은 우리가 여러분 가운데서 어떻게 살았는지 주의 깊게 보았고, 여러분 자신도 우리처럼 살기로 작정했습니다. 여러분은 우리를 본받음으로써 주님을 본받는 사람이 되었습니다. 비록 말씀에 많은 어려움이 뒤따라왔지만, 여러분은 성령으로부터 큰 기쁨을 얻을 수 있었습니다! 여러분은 기쁜 일에 따르는 고난도, 고난에 따르는 기쁨도 받아들였습니다.

7-10 마케도니아와 아가야에 있는 모든 믿는 이들이 여러분을 존경하고 있다는 것을 아시는지요? 여러분의 소문이 주위에 두루 퍼졌습니다. 여러분의 삶으로 인해 주님의 말씀이 그 지역뿐 아니라 모든 곳에서 울려 퍼지고 있습니다. 하나님을 믿는 여러분의 믿음의 소문이 널리 퍼졌습니다. 우리가 더 말할 필요가 없을 정도입니다. 여러분이 곧 메시지이니까요! 사람들이 우리에게 다가와서 이야기해 주더군요. 여러분이 두 팔 벌려 우리를 맞아 준 것과, 여러분이 지난날 섬기던 죽은 우상들을 버리고 참 하나님을 받아들여 섬기게 된 이야기를 말입니다. 하나님께서 죽은 자들 가운데서 살리신 그분의 아들—장차 닥쳐올 멸망에서 우리를

건져 주신 예수—이 오시기를 간절히 기다리는 여러분의
모습을 보고 그들은 놀라워했습니다.

2

1-2 친구 여러분, 우리가 여러분을 방문한 것이 시간
낭비가 아니었음이 분명합니다. 여러분도 알다시피,
우리는 빌립보에서 험한 대접을 받았지만, 그것이 우리를 지
체시키지는 못했습니다. 우리는 하나님 안에서 확신을 가지
고 곧장 앞으로 나아가, 우리의 할 말을 했습니다. 반대에 굴
하지 않고, 여러분에게 하나님의 **메시지**를 전한 것입니다.

오직 하나님의 인정만 구했습니다

3-5 하나님은 우리를 철저히 시험하셔서, 우리가 이 **메시지**
를 맡을 자격이 있는지 확인하셨습니다. 분명히 말씀드리지
만, 여러분에게 말할 때 우리는 다수의 인정을 구하지 않고
오직 하나님의 인정을 구할 뿐입니다. 우리가 그 같은 시험
을 거쳤으니, 우리는 물론이고 우리가 전한 **메시지**에 오류
나 불순한 동기나 감춰진 의도가 없다는 것을 여러분은 확
신해도 됩니다. 우리가 여러분에게 아첨하는 말을 한 적이
없다는 것을, 다른 누구보다 여러분이 잘 알고 있습니다. 그
리고 우리가 말로 연막을 쳐서 여러분을 이용한 적이 없다
는 것을, 하나님께서 잘 알고 계십니다.
6-8 우리가 그리스도의 사도라는 지위에 있지만 그 지위를

남용한 적이 없고, 여러분이나 다른 누구에게 중요 인물이라는 인상을 주려고 한 적도 없습니다. 우리는 여러분에게 무관심하지도 않았습니다. 우리는 여러분을 있는 모습 그대로 받아들였습니다. 생색을 내거나 으스댄 적이 없습니다. 그저 어머니가 자기 자녀를 돌보듯이, 여러분에게 마음을 썼을 뿐입니다. 우리는 여러분을 끔찍이 사랑했습니다. 여러분에게 **메시지**를 전하는 것에 만족하지 않고, 우리의 마음을 주려고 했습니다. 그리고 실제로 그렇게 했습니다.

9-12 친구 여러분, 여러분은 그 시절에 우리가 몸을 아끼지 않고 일하며 밤늦도록 수고한 것을 기억하실 것입니다. 그것은 우리가 하나님의 **메시지**를 전하는 동안, 여러분에게 우리를 후원하는 짐을 지우지 않으려는 것이었습니다. 우리가 여러분 가운데서 얼마나 신중하고 경우 있게 처신했는지, 또한 여러분을 믿음의 동료로 얼마나 세심하게 대했는지, 여러분은 두 눈으로 똑똑히 보았습니다. 하나님께서도 우리가 거저 얻어먹지 않았다는 것을 아십니다! 여러분은 그 모든 것을 직접 경험해서 알고 있습니다. 우리는 아버지가 자기 자녀에게 하듯이, 여러분 한 사람 한 사람을 대했습니다. 여러분의 손을 붙잡고 격려의 말을 속삭였고, 그분의 나라, 곧 이 기쁨 넘치는 삶으로 우리를 불러 주신 하나님 앞에서 바르게 사는 법을 차근차근 보여주었습니다.

13 이제 우리는 그 모든 것을 돌아보며, 하나님께 샘물처럼 솟구치는 감사를 드립니다! 여러분은 우리가 전한 하나님

의 **메시지**를 받을 때 사람의 견해로 흘려버리지 않고, 하나님께서 여러분에게 주시는 참된 말씀으로 받아들여 마음에 새겼습니다. 하나님께서 믿는 여러분 안에서 친히 역사하고 계십니다!

14-16 친구 여러분, 여러분이 유대에 있는 하나님의 교회들이 걸어간 발걸음을 그대로 따랐다는 것을 알고 있는지요? 그들은 예수 그리스도께서 걸어가신 발걸음을 가장 먼저 따라간 이들입니다. 그들이 동족에게서 부당한 대우를 받은 것처럼, 여러분도 여러분의 동족에게서 그 같은 대우를 받았습니다. 유대인들은 (예언자는 물론이고) 주 예수까지 죽이고, 그 여세를 몰아 우리를 도시에서 내쫓기까지 했습니다. 그들은 하나님과 모든 사람을 대적하고 있습니다. 그들은 하나님에 대해 들어 본 적 없는 사람들에게 어떻게 구원받는지를 전하는 우리를 방해하려고 안간힘을 쓰고 있습니다. 그들은 하나님 대적하기를 일삼는 자들로, 그 일에 아주 능합니다. 그러나 하나님께서는 더 이상 참지 않으시고, 그들의 일을 끝내시기로 하셨습니다.

❧

17-20 사랑하는 친구 여러분, 우리가 여러분을 얼마나 그리워하는지 아십니까? 여러분과 떨어진 지 그리 오래되지 않았고 마음이 아니라 몸으로만 떨어져 있을 뿐인데도, 우리는 여러분을 다시 만나기 위해 최선을 다했습니다. 우리가 여

러분을 얼마나 그리워하는지, 여러분은 상상도 못할 것입니다! 나 바울은 몇 번이고 여러분에게 돌아가려고 했지만, 그때마다 사탄이 우리를 방해했습니다. 우리 주 예수께서 오실 때 우리의 자랑이 누구이겠습니까? 여러분이 아니겠습니까? 여러분이야말로 우리의 자랑이요 기쁨입니다!

3

¹⁻² 그러므로, 더는 여러분과 떨어져 있을 수도 없고 마땅히 여러분을 찾아갈 방법도 찾을 수 없었던 우리는, 아테네에 남아 있기로 하고 디모데를 여러분에게 보냈습니다. 그것은 여러분을 일으켜 세우고, 여러분이 이 고난으로 인해 낙심하지 않도록 위로하게 하려는 것이었습니다. 그는 믿음 안에서 형제이자 동료이며, **메시지를 전파하고** 그리스도를 전하는 하나님의 사람입니다.

³⁻⁵ 여러분에게 고난이 다가오는 것이 놀라운 일은 아닙니다. 여러분도 알다시피, 우리는 이런 일을 겪게 되어 있습니다. 고난은 우리가 감당해야 할 소명의 일부입니다. 여러분과 함께 있을 때 우리는, 장차 고난이 닥쳐올 것을 분명히 말씀드렸습니다. 그리고 이제 그대로 되어서, 여러분도 고난을 직접 겪게 되었습니다. 그래서 나는 걱정을 멈출 수 없었습니다. 그 고난 가운데서 여러분이 어떻게 믿음으로 살고 있는지 직접 확인하고 싶었습니다. 나는 유혹자가 여러분에게 접근해서, 우리가 함께 세운 모든 것을 허물어뜨리

지 못하게 하고 싶었습니다.

6-8 그런데 이제 디모데가 돌아와서 여러분의 믿음과 사랑에 대해 멋진 소식을 전해 주니, 우리의 기분이 한결 나아졌습니다. 여러분이 계속해서 우리를 좋게 여기고, 우리만큼이나 여러분도 우리를 보고 싶어 한다는 소식을 들으니, 감사하는 마음이 더욱 각별합니다! 우리가 여기서 고난과 역경 가운데 있지만 여러분이 어떻게 지내는지 알게 되었으니, 우리가 더 견딜 수 있겠습니다. 여러분의 믿음이 살아 있다는 것을 알게 되었으니, 우리가 살겠습니다.

9-10 우리가 여러분으로 말미암아 하나님 앞에서 누리는 이 기쁨을 두고, 어떻게 하면 하나님께 제대로 감사드릴 수 있을까요? 우리는 우리가 할 수 있는 일을 합니다. 곧 밤낮으로 기도하며, 여러분의 얼굴을 다시 보게 되는 기쁨을 선물로 주시기를, 여러분의 믿음이 흔들릴 때 우리가 도울 수 있게 해주시기를 구합니다.

11-13 하나님 우리 아버지와 우리 주 예수께서 여러분에게로 가는 길을 우리 앞에 열어 주시기를 바랍니다! 또한 주님께서 여러분에게 사랑을 부어 주셔서 그 사랑이 여러분의 삶을 가득 채우기를, 그 사랑이 우리에게서 여러분에게 전해진 것같이 또한 여러분에게서 주위 모든 사람에게까지 넘쳐나기를 바랍니다. 여러분에게 힘과 순결한 마음을 채워 주셔서, 우리 주 예수께서 그분을 따르는 모든 이들과 함께 오실 때, 하나님 우리 아버지 앞에서 여러분이 확신에 찬 모습

으로 서게 되기를 바랍니다.

하나님을 기쁘시게 해드리십시오

4 ¹⁻³ 친구 여러분, 마지막으로 한 말씀 더 드립니다. 여러분에게 부탁합니다. 아니, 강권합니다. 우리가 일러 준 대로 계속 행하여 하나님을 기쁘시게 해드리십시오. 억지스러운 종교적 노력으로 하지 말고, 생기 넘치고 즐거운 춤을 추듯 그분을 기쁘시게 해드리십시오. 우리가 주 예수께 받아 여러분에게 제시해 드린 지침을 여러분은 알고 있습니다. 하나님께서는 여러분이 순결하게 살기를 바라십니다. 난잡한 성생활을 멀리하십시오.

⁴⁻⁵ 하나님을 알지 못하는 사람들이 흔히 하는 것처럼 여러분의 몸을 함부로 다루지 말고, 오히려 몸을 아끼고 존중하는 법을 익히십시오.

⁶⁻⁷ 형제자매의 관심사를 함부로 무시하지 마십시오. 그들의 관심사는 하나님의 관심사이니, 하나님께서 그들을 돌봐 주실 것입니다. 우리는 전에 이 일로 여러분에게 경고한 바 있습니다. 하나님께서는 무질서하고 난잡한 삶이 아니라, 거룩하고 아름다운 삶으로, 안과 밖이 모두 아름다운 삶으로 우리를 초대하셨습니다.

⁸ 이 권고를 무시하는 사람은 자기 이웃의 기분을 상하게 하는 것이 아니라, 여러분에게 성령을 선물로 주시는 하나님을 저버리는 것입니다.

9-10 함께 살아가는 생활과 서로 사이좋게 지내는 일에 대해
서는, 내가 여러분에게 지시할 필요가 없을 것 같습니다. 여
러분은 이 점에 대해 직접 하나님의 가르침을 받았습니다.
그저 서로 사랑하십시오! 이미 여러분은 잘하고 있습니다.
마케도니아 전역에 있는 여러분의 벗들이 그 증거입니다.
멈추지 말고 더욱더 그렇게 하십시오.

11-12 조용히 지내고, 자기 일에 전념하며, 자기 손으로 일하
십시오. 여러분은 이 모든 것을 전에도 들은 바 있지만, 다
시 듣는다고 해서 해가 될 것은 없습니다. 우리는 여러분이
세상 사람들의 존경을 받을 정도로 제대로 살기를 바라고,
빈둥거리며 친구들에게 빌붙어 사는 일이 없기를 바랍니다.

주님의 재림과 죽은 사람의 부활

13-14 친구 여러분, 우리는 여러분이 '이미 죽어서 땅에 묻힌
사람들에게 어떤 일이 일어나는가'라는 물음에 대해 아무것
도 모르고 지내기를 원치 않습니다. 우선, 여러분은 무덤이
끝이라는 생각에, 모든 기대를 포기한 사람들처럼 분별없
이 처신해서는 안됩니다. 예수께서 죽으셨다가 무덤에서 벗
어나셨으니, 하나님께서 예수 안에서 죽은 사람들도 분명히
다시 살리실 것입니다.

15-18 다음으로, 우리는 온전한 확신으로 여러분에게 말씀드
릴 수 있습니다. 우리에게는 이에 관한 주님의 말씀이 있습
니다. 주님께서 우리를 데려가시기 위해 다시 오실 때, 우리

가운데 죽지 않고 살아 있는 사람들이라도 죽은 사람들을
앞서지 못할 것입니다. 실제로, 죽은 사람들이 우리보다 먼
저일 것입니다. 주님께서 친히 호령하실 것입니다. 천사장
의 천둥 같은 소리가 들릴 것입니다! 하나님의 나팔소리가
울릴 것입니다! 주님께서 하늘로부터 내려오시고 그리스도
안에서 죽은 사람들이 일어날 것입니다. 그들이 먼저 갈 것입
니다. 그런 다음에, 우리 가운데 그때까지 죽지 않고 살아
있는 사람들이 그들과 함께 구름 속으로 이끌려 올라가서
주님을 만나 뵐 것입니다. 오, 우리는 기뻐 뛸 것입니다! 그
후에, 주님과 함께하는 성대한 가족모임이 있을 것입니다.
그러니 그러한 말로 서로 격려하십시오.

5 ¹⁻³ 친구 여러분, 나는 '이 모든 일이 언제 일어날 것인
가'라는 물음은 다룰 필요가 없다고 생각합니다. 주님
께서 오실 날을 달력에 표시할 수 없다는 것은, 나도 알고 여
러분도 아는 사실입니다. 그분은 미리 연락하거나 약속 일자
를 정하지 않고 도둑처럼 오실 것입니다. 모든 사람들이 "우
리는 확실히 성공했어! 이제 편히 살아도 돼!"라고 말하며 서
로 축하하고 만족하며 느긋해 할 때, 갑자기 모든 것이 산산
조각 날 것입니다. 그날은 아기를 밴 여인에게 진통이 오는
것처럼, 누구도 피할 수 없게 느닷없이 올 것입니다.
⁴⁻⁸ 그러나 친구 여러분, 여러분은 어둠 속에 있지 않으니, 그

런 일로 당황할 일은 없을 것입니다. 여러분은 빛의 아들이며 낮의 딸입니다. 탁 트인 하늘 아래서 살아가는 우리는, 우리가 서 있는 곳이 어디인지 잘 압니다. 그러니 다른 사람들처럼 몽롱한 채로 다니지 맙시다. 눈을 크게 뜨고, 빈틈없이 살아가야 합니다. 밤이 되면 사람들은 잠을 자거나 술에 취합니다. 그러나 우리는 그렇지 않습니다! 우리는 낮의 자녀이니, 낮의 자녀답게 행동해야 합니다. 대낮에 맑은 정신으로 다니고, 믿음과 사랑과 구원의 소망을 입도록 하십시오.

9-11 하나님께서는 우리를 진노의 심판에 이르게 하신 것이 아니라, 우리 주 예수 그리스도로 말미암아 구원에 이르게 하셨습니다. 그분이 우리를 위해 죽으셨습니다. 그리고 그분의 죽음이 생명을 일으켰습니다. 산 자와 함께 깨어 있든지 죽은 자와 함께 잠들어 있든지, 우리는 그분과 함께 살아 있습니다! 그러니 서로 격려의 말을 하십시오. 소망을 든든히 세우십시오. 그러면 여러분은 한 사람도 빠지거나 뒤처지는 일 없이, 모두가 그 소망 안에 있게 될 것입니다. 나는 여러분이 이미 그렇게 하고 있다는 것을 압니다. 그러니 계속해서 그리하십시오.

하나님이 바라시는 생활방식

12-13 친구 여러분, 부탁드립니다. 여러분을 위해 열심히 수고하는 지도자들, 여러분의 순종에 따라 여러분을 권면하고 이끄는 책임 맡은 이들을 존중하십시오. 감사와 사랑으로

그들을 감동시키십시오!

13-15 서로 사이좋게 지내고, 각자 자기 몫의 일을 하십시오. 우리의 조언은 이것입니다. 거저 얻어먹기만 하는 사람들에게 힘써 일하라고 주의를 주십시오. 뒤처진 사람들을 온유하게 격려하고, 지친 사람들에게 손을 내밀어 그들을 일으켜 세우십시오. 서로 참고, 각 사람의 필요에 주의를 기울이십시오. 서로 신경을 건드려 화를 돋우지 않도록 조심하십시오. 서로에게서 최선의 모습을 찾아보고, 언제나 그것을 이끌어 내기 위해 최선을 다하십시오.

16-18 무슨 일에든지 기뻐하십시오. 항상 기도하십시오. 무슨 일에든지 하나님께 감사하십시오. 이것이야말로 하나님께서 그리스도 예수 안에 있는 여러분에게 바라시는 생활방식입니다.

19-22 성령을 억누르지 마십시오. 주님께 말씀을 받은 사람들을 막지 마십시오. 그러나 쉽게 속지는 마십시오. 모든 것을 꼼꼼히 따져 보고, 선한 것만을 간직하십시오. 악에 물든 것은 무엇이든 내다 버리십시오.

23-24 모든 것을 거룩하고 온전하게 하시는 하나님께서 여러분을 거룩하고 온전하게 하시고 여러분의 영과 혼과 몸을 온전하게 하셔서, 우리 주 예수 그리스도께서 오실 때 그에 합당한 사람이 되게 해주시기를 바랍니다. 여러분을 불러 주신 분은 완전히 의지할 만한 분이십니다. 그분께서 말씀하셨으니, 그분께서 이루실 것입니다!

25-27 친구 여러분, 우리를 위해 계속 기도해 주십시오. 그곳에 있는 예수를 따르는 모든 이들과 거룩한 포옹으로 인사하십시오. 이 편지를 모든 형제자매에게 반드시 읽게 하십시오. 한 사람도 빼놓지 말고 읽게 하십시오.

28 예수 그리스도의 놀라운 은혜가 여러분과 함께하기를 바랍니다!

데살로니가후서

1

1-2 나 바울은, 실루아노와 디모데와 더불어 하나님 우리 아버지와 우리 주 예수 그리스도의 이름으로 데살로니가 그리스도인들의 교회에 문안합니다. 우리 하나님께서는 여러분에게 필요한 모든 것을 주시고, 여러분이 되어야 할 모습으로 여러분을 만들어 주시는 분이십니다.

주님께서 다시 오시는 날

3-4 친구 여러분, 이 점을 알아 두십시오. 우리가 여러분을 두고 거듭해서 하나님께 감사를 드리는 것은, 즐거운 일이자 마땅한 의무이기도 합니다. 우리는 감사할 수밖에 없습니다. 여러분의 믿음이 눈에 띄게 자라고, 서로에게 베푸는 여러분의 사랑이 놀랍도록 발전하고 있습니다. 그러니 우리가 감사

드리는 것은 당연합니다. 우리는 여러분이 대단히 자랑스럽습니다. 여러분에게 온갖 고난이 닥쳤지만, 여러분의 믿음이 흔들리지 않고 굳건하기 때문입니다. 우리는 교회에서 만나는 사람 누구에게나 여러분의 모든 것을 자랑합니다.

5-10 이 모든 고난은, 하나님께서 여러분을 그 나라에 합당한 사람이 되게 하시겠다고 작정하신 분명한 표입니다. 여러분이 지금 고난을 겪고 있지만, 정의 또한 다가오고 있습니다. 주 예수께서 강력한 천사들과 함께 하늘로부터 활활 타는 불꽃 가운데 나타나실 때, 그분은 여러분에게 고난을 안겨 준 자들에게 원한을 갚아 주시는 것으로 셈을 치르실 것입니다. 그분의 오심은 우리가 고대하던 전환점이 될 것입니다. 하나님을 알려고 하지 않는 자들, **메시지**에 순종하려고 하지 않는 자들은 자신들이 한 일의 대가를 치르게 될 것입니다. 그들은 주님과 주님의 찬란한 권능 앞에서 영원히 추방되는 벌을 받을 것입니다. 그러나 주님께서 오시는 날, 그분을 따르고 그분을 믿는 모든 사람들은, 그분을 높이고 찬양할 것입니다. 그것은 여러분이 우리가 전한 소식을 믿었기 때문입니다.

11-12 우리는 이 뜻밖의 날이 조만간 닥쳐오리라는 것을 알기에, 늘 여러분을 위해 기도합니다. 우리 하나님께서 여러분을 그분의 부르심에 합당하게 하시고 여러분의 선한 생각과 믿음의 행위에 그분의 능력을 가득 채워 주셔서, 그것이 온전해지기를 기도합니다. 여러분의 삶이 예수의 이름을 드

높이면, 그분도 여러분을 높여 주실 것입니다. 이 모든 일의
배후에는 은혜가 자리하고 있습니다. 자신을 값없이 내어주
시는 우리 하나님, 자신을 값없이 내어주시는 주 예수 그리
스도가 계십니다.

무법자의 등장

2 ¹⁻³ 친구 여러분, 이어지는 글을 주의 깊게 읽어 보시
기 바랍니다. 침착하십시오. 우리 주 예수 그리스도
께서 다시 오실 그날, 우리가 그분을 맞이할 그날에 대해 성
급하게 결론짓지 마십시오. 누가 거창한 소문이나 내게서
받았다고 하는 편지를 가지고서, 주님이 오실 날이 벌써 왔
다고 하거나 이미 지나갔다고 하여, 여러분을 동요시키거나
흥분시키는 일이 없게 하십시오. 그와 같은 말에 속아 넘어
가지 마십시오.

³⁻⁵ 그날이 오기 전에 몇 가지 일이 일어날 것입니다. 먼저,
배교하는 일이 있을 것입니다. 그런 다음, 무법자 곧 사탄의
개가 등장할 것입니다. 그는 신이라고 불리는 모든 것이나
제단에 대항하고, 그 모든 것을 접수할 것입니다. 그는 반대
자를 쓸어버린 뒤에, 하나님의 성전에서 "전능한 하나님"을
자처할 것입니다. 여러분은 내가 여러분과 함께 있을 때에
이 모든 일을 낱낱이 짚어 준 것을 기억하지 못합니까? 여
러분의 기억력이 그리도 짧습니까?

⁶⁻⁸ 또한 여러분은, 무법자가 정해진 때까지는 억제당할 것

이라고 한 내 말을 기억할 것입니다. 그렇다고 해서, 무법의 영이 지금 활동하고 있지 않다는 뜻은 아닙니다. 그 영은 지하에서 은밀히 활동하고 있습니다. 언젠가는 무법자가 더 이상 억제당하지 않고 풀려날 때가 올 것입니다. 그러나 걱정하지 마십시오. 주 예수께서 바로 뒤쫓아 가셔서 그를 날려 버리실 것입니다. 주님께서 나타나셔서 한번 훅 부시면, 무법자는 흔적도 없이 사라지고 말 것입니다.

9-12 무법자가 오는 것은 모두 사탄의 역사입니다. 그의 능력과 표적과 기적은 모두 가짜이며, 자신을 구원해 줄 진리를 미워하는 자들에게 영합하려는 교활한 술수에 불과합니다. 하나님께서는 악에 사로잡혀 있는 그들로 하여금 자기 술수에 당하게 하십니다. 그들이 원하는 것을 그들에게 주시는 것입니다. 그들이 스스로 선택한 거짓과 눈속임의 세계로 쫓겨나는 것은, 진리를 믿지 않기 때문입니다.

13-14 하나님께 사랑을 입은 우리의 선한 친구 여러분, 우리는 여러분으로 인해 하나님께 끊임없이 감사할 수밖에 없습니다! 하나님께서는 처음부터 여러분을 자기 사람으로 선택해 주셨습니다. 잊지 마십시오. 여러분은 하나님이 세우신 처음 구원 계획에 들어 있고, 살아 있는 진리 안에서 믿음의 끈으로 묶여 있습니다. 이것이 하나님께서 우리가 전한 **메시지**를 통해 여러분에게 권하시는 성령의 삶입니다. 여러분이 그렇게 살면, 우리 주 예수 그리스도의 영광에 참여하게 될 것입니다.

15-17 그러므로 친구 여러분, 땅에 발을 딛고 굳게 서서 머리를 치켜드십시오. 우리의 말과 편지로 배운 가르침을 굳게 붙잡으십시오. 사랑으로 다가오셔서 끊임없는 도움과 확신을 선물로 주시며 여러분을 놀라게 하신 예수와 하나님 우리 아버지께서, 친히 여러분 안에 새로운 마음을 주시고, 여러분의 일을 격려하시며, 여러분의 말에 생기를 더해 주시기를 바랍니다.

게으른 자들에 대한 경고

3

1-3 친구 여러분, 한 가지 더 부탁드립니다. 우리를 위해 기도해 주십시오. 주님의 말씀이 여러분 가운데서 퍼져 나간 것처럼 전 지역으로 퍼져 나가서, 큰 물결 같은 반응을 얻도록 기도해 주십시오. 또한 우리를 파멸시키려는 악당들로부터 우리를 구해 달라고 기도해 주십시오. 요즘 내가 느끼는 것은, 믿는 사람이라고 해서 다 믿는 사람이 아니라는 것입니다. 그러나 주님께서는 절대로 우리를 저버리지 않으십니다. 그분은 신실하셔서, 여러분을 악에서 지켜 주실 것입니다.

4-5 주님으로 인해 우리는 여러분을 크게 신뢰하고 있습니다. 우리가 말한 모든 것을 여러분이 행하고 있고, 앞으로도 행하리라는 것을 우리는 압니다. 주님께서 여러분의 손을 붙잡고, 하나님의 사랑과 그리스도의 인내의 길로 인도해 주시기를 바랍니다.

6-9 우리는 주 예수의 지지를 받아 여러분에게 명령합니다. 여러분 가운데 게으른 사람들, 곧 우리가 여러분에게 가르친 대로 일하지 않는 사람들과 관계하지 마십시오. 그들이 하는 일 없이 거저먹는 일이 없게 하십시오. 우리는 여러분과 함께 있으면서, 여러분이 어떻게 자기 역할을 다 해야 하는지 본을 보여주었습니다. 그러니 그대로 행하십시오. 우리는 남들이 보살펴 주겠지 생각하면서 팔짱을 끼고 빈둥거리지 않았습니다. 오히려 몸을 아끼지 않고 밤늦도록 일했습니다. 그것은 우리를 보살피는 짐을 여러분에게 지우지 않으려는 것이었습니다. 우리에게 여러분의 후원을 받을 권리가 없어서가 아니었습니다. 우리에게는 그럴 권리가 있습니다. 다만, 우리는 부지런한 본을 보여서, 그것이 여러분에게 전염되기를 바랐던 것입니다.

10-13 우리가 여러분과 함께 생활할 때 제시한 규정을 기억하지 못합니까? "일하지 않는 자는 먹지도 말라"는 규정 말입니다. 그런데 우리가 듣는 소식에 의하면, 게으르기만 할 뿐 전혀 쓸모없는 무리가 여러분을 이용해 먹고 있다고 하더군요. 그런 짓을 용납해서는 안됩니다. 그런 사람들에게 명령합니다. 당장 일을 시작하십시오. 변명하거나 이의를 달지 말고 손수 생활비를 버십시오. 친구 여러분, 일손을 놓지 말고 자기 본분을 다하십시오.

14-15 이 편지에 담긴 우리의 명확한 지시를 따르지 않는 사람이 있거든, 내버려두지 마십시오. 그런 사람을 지적하고,

그의 무위도식을 눈감아 주지 마십시오. 그러면 그는 다시 생각하게 될 것입니다. 그러나 그를 원수처럼 대하지는 마십시오. 그를 앉혀 놓고, 걱정하는 심정으로 그 문제를 꺼내 상의하십시오.

16 평화의 주님께서 언제나 서로 화목하게 지내는 선물을 여러분에게 주시기를 바랍니다. 참으로 주님께서 여러분 가운데 계시기를 바랍니다!

17 나 바울이 친필로 여러분에게 작별인사를 합니다. 내가 보내는 모든 편지에는 이런 식으로 서명이 되어 있으니, 내 서명을 보고 편지의 진위 여부를 가리십시오.

18 우리 주 예수 그리스도의 놀라운 은혜가 여러분 모두와 함께하기를 바랍니다!

그리스도인들은 예배나 일로 모일 때, 하나님이 그 자리에 함께 계셔서 모든 것을 다스리신다고 진심으로 믿는다. 하나님은 창조하시고, 인도하시고, 구원하시고, 치료하시고, 바로잡으시고, 복 주시고, 부르시고, 심판하신다. 하나님으로부터 오는 이 폭넓고 인격적인 지도력과 견줄 때, 인간의 지도력이 있어야 할 자리는 어디인가?

분명, 인간의 지도력은 두 번째여야 한다. 인간의 지도력이 하나님의 지도력을 밀어내서도 안되고, 하나님의 지도력을 대신하려고 해서도 안된다. 자기중심적이고 자기과시적인 지도력은 주님을 등질 수밖에 없다. 메시아 예수의 이름으로 세워진 영적 공동체에서 최선의 지도력은, 자신을 드러내지 않고 사람들의 이목을 끌지 않으면서도 믿음과 확신의 길에 있는 그 무엇도 희생시키지 않는 것이다.

바울이 젊은 두 동료, 에베소의 디모데와 크레타의 디도에게 보낸 편지에서, 우리는 그러한 지도력을 계발하도록 격려하고 지도하는 바울의 모습을 보게 된다.

그대의 삶으로 가르치십시오. 그대의 말과 행실과 사랑과 믿음과 성실함으로 믿는 이들을 가르치십시오. 그대에게 맡겨진, 성경을 읽는 일과 권면하는 일과 가르치는 일을 계속하십시오.……그대의 성품과 그대의 가르침을 잘 살피십시오. 한눈팔지 마십시오. 끝까지 힘을 내십시오(딤전 4:11-13, 15-16).

바울은 자신이 직접 익힌 것을 전할 뿐 아니라, 지역 교회에서 그 같은 지도력을 계발하려면 어떻게 해야 하는지를 잘 보여준다. 바울은 디도에게 "그대의 임무는 견고한 교훈에 어울리는 말을 하는 것입니다"라고 말한다.

나이 많은 남자들을 인도하여, 절제와 위엄과 지혜와 건강한 믿음과 사랑과 인내의 삶을 살게 하십시오. 나이 많은 여자들을 공경의 삶으로 인도하여, 험담이나 술주정을 그치고 선한 일의 본보기가 되게 하십시오. 그러면 젊은 여자들이 그들을 보고, 남편과 자녀를 어떻게 사랑해야 하는지, 고결하고 순결한 삶을 살려면 어떻게 해야 하는지, 집안 살림을 잘하려면 어떻게 해야 하는지, 좋은 아내가 되려면 어떻게 해야 하는지를 알게 될 것입니다. 우리는 그들의 행실 때문에 하나님의 **메시지**를 멸시하는 사람이 하나도 없기를 바랍니다. 또한 그대는 젊은 남자들을 지도하여, 잘 훈련된 삶을 살게 하십시오. 그대는 몸소 실

천하여 이 모든 것을 보여주고, 가르치는 일을 순수하게,
말은 믿음직하고 건전하게 하십시오(딛 2:1-7).

잘못된 방향으로 형성된 영적 지도력은 사람들의 영혼에 큰
해악을 끼치게 마련이다. 그래서 우리는 이 편지들을 읽어
야 한다. 바울은 어떻게 해야 바른 지도력을 펼칠 수 있는
지, 자신의 삶과 편지를 통해 우리에게 제시해 준다.

디모데전서

1 ¹⁻² 나 바울은, 우리의 산 소망이신 그리스도를 위해
특별한 임무를 맡은 사도입니다. 나는 우리 구주이신
하나님의 명령에 따라, 믿음 안에서 나의 아들 된 디모데에
게 이 편지를 씁니다. 우리 하나님과 그리스도께서 주시는
온갖 좋은 선물이 그대의 것이 되기를 바랍니다!

거짓 교훈들에 대한 경고

³⁻⁴ 내가 마케도니아로 가는 길에, 그대에게 에베소에 머물
것을 권했습니다. 나의 생각은 지금도 변함이 없습니다. 그
대는 그곳에 머물면서, 가르침이 계속 이어지게 하십시오.
몇몇 사람들이 기이한 이야기와 허망한 족보를 소개하고 있
는 것이 분명합니다. 그런 것은 사람들을 중심으로 되돌려

그들의 믿음과 순종이 깊어지도록 해주기보다는, 오히려 어리석음에 빠지게 할 뿐입니다.

5-7 우리가 이렇게 강권하는 목적은 오직 사랑입니다. 이기심과 거짓 믿음에 물들지 않은 사랑, 곧 하나님을 향해 열려 있는 삶을 위해서입니다. 이 목적에서 벗어난 자들은 조만간 길을 잃고 쓸데없는 말에 빠져들고 말 것입니다. 그들은 종교적인 문제의 전문가인 양 우쭐대면서 온갖 화려한 말로 열변을 토하지만, 정작 자신들이 무슨 말을 하고 있는지 전혀 알지 못합니다.

8-11 도덕적 지침과 조언이 필요하기는 하지만, 그 내용만큼이나 필요한 사람에게 제대로 전해 주는 것이 중요합니다. 율법은 책임을 다하며 사는 사람들 때문이 아니라 무책임한 사람들, 곧 모든 권위에 도전하면서 하나님이든 생명이든 성윤리든 진리든 무엇이든지 함부로 취급하는 자들 때문에 있는 것이 분명하지 않습니까! 그들은 크신 하나님께서 내게 맡겨 주신 이 위대한 **메시지**를 멸시하는 자들입니다.

12-14 나를 이 일의 적임자로 삼아 주신 그리스도 예수께 큰 감사를 드립니다. 그대도 알다시피, 그분은 위험을 무릅쓰고 내게 이 사역을 맡기셨습니다. 이 사역을 위해 내가 가진 자격이라고는, 비난하는 말과 무자비한 박해와 교만함이 전부였습니다. 그런데도 그분은 나를 자비롭게 대해 주셨습니

다. 그것은 내가 하는 일이 무엇인지, 그리고 내가 거역하는 분이 누구신지 알지 못하고 한 일이었기 때문입니다! 은혜가 믿음과 사랑과 하나가 되어, 내게 그리고 내 안에 부어졌습니다. 이 모두가 예수의 은혜로 되어진 것입니다.

15-19 그대가 마음에 새기고 의지할 말씀이 있습니다. 예수 그리스도께서 죄인들을 구원하시려고 이 세상에 오셨다는 말씀입니다. 내가 그 증거입니다. 나는 '공공의 죄인 1호'로서, 순전한 자비가 아니었다면 구원받지 못했을 사람입니다. 예수께서는 영원히 그분을 신뢰하려는 사람들에게, 당신의 한없는 인내의 증거로 나를 제시하고 계십니다.

모든 시대의 왕,
보이지 않고 소멸치 않으시는 한분 하나님께
깊은 경외와 찬란한 영광이
이제부터 영원까지 있기를!

나의 아들 디모데여, 나는 그대에게 이 일을 맡깁니다. 그대에게 주어진 예언의 말씀을 따라 우리는 이 일을 준비했습니다. 그대가 이 일을 잘 수행하고, 용감히 싸우고, 그대의 믿음과 그대 자신을 굳게 지키게 해달라고 모두가 하나되어 기도하고 있습니다. 결국 이것은 우리가 싸울 싸움입니다.

19-20 그대도 아는 것처럼, 무슨 일이든 해도 괜찮다고 마음을 놓고 있다가 믿음을 망쳐 버린 자들이 몇 있습니다. 그 가운

데 두 사람이 후메내오와 알렉산더입니다. 나는 그들이 사탄에게 넘어가도록 두었습니다. 그것은 그들이 하나님을 모독하지 못하도록 한두 가지 교훈을 배우게 하려는 것입니다.

모든 일에 바탕이 되는 기도

2 ¹⁻³ 나는 그대가 무엇보다 먼저 기도하기를 바랍니다. 그대가 아는 모든 방법을 동원해서, 그대가 아는 모든 사람을 위해 기도하십시오. 특히, 통치자들과 정부가 바르게 다스릴 수 있게 해달라고 기도하십시오. 그래야 우리가 겸손히 묵상하면서 단순하게 사는 일에 조용히 마음을 쏟을 수 있을 것입니다. 그것은 우리 구주 하나님께서 우리에게 바라시는 생활방식입니다.

⁴⁻⁷ 그대도 알다시피, 하나님은 우리뿐만 아니라 모든 사람이 구원받기를 바라십니다. 또한 우리가 배운 진리를 그들도 알기를 원하십니다. 하나님은 오직 한분이십니다. 하나님과 우리 사이를 중재하는 제사장도 한분이시니, 그분은 다름 아닌 예수이십니다. 예수께서는 죄에 사로잡힌 모든 사람을 대신해 자기를 내어주시고, 그들을 자유롭게 해주셨습니다. 이 소식이 결국은 널리 퍼져 나갈 것입니다. 바로 이 소식을 널리 전하는 것이 내게 맡겨진 일입니다. 하나님에 대해 들어 본 적 없는 사람들에게 이 소식을 전하고, 단순한 믿음과 명백한 진리가 어떻게 역사하는지 설명해 주는 이 일을 위해 내가 임명받았습니다.

8-10 기도는 이 모든 일의 바탕이 됩니다. 나는 무엇보다도 남자들이 기도하기를 바랍니다. 원수를 향해 분노에 찬 주먹을 흔들 것이 아니라, 하나님을 향해 거룩한 손을 들고 기도하십시오. 나는 여자들도 남자들과 함께 하나님 앞에서 겸손하기를 바랍니다. 거울 앞에서 최신 유행을 좇아 자신을 아름답게 꾸밀 것이 아니라, 하나님께 아름다운 일을 행함으로 진정 아름다운 사람이 되십시오.

11-15 나는 여자가 나서서 남자에게 이래라저래라 하지 않기를 바랍니다. 여자들은 다른 모든 사람들과 더불어 조용히 지내면서 순종하는 법을 배우십시오. 아담이 먼저 지음받았고, 그 다음에 하와가 지음받았습니다. 여자가 먼저 속아 넘어갔고—죄의 개척자가 되었고!—아담이 그 뒤를 따랐습니다. 반면에, 여자가 아이를 낳음으로 구원을 가져오게 되었고, 그 삶이 바뀌었습니다. 그러나 이 구원은 믿음과 사랑과 거룩함을 지키는 사람들, 이 모든 것을 바탕으로 성숙에 이르는 사람들에게만 옵니다. 그대는 이 말을 믿으십시오.

교회 지도자의 자격

3 1-7 어떤 사람이 교회의 지도자가 되고자 한다면, 그것은 좋은 일입니다! 그러나 그 전에 갖춰야 할 조건이 있습니다. 지도자는 평판이 좋으며, 아내에게 헌신하며, 침착하며, 붙임성 있고, 남을 따뜻하게 맞아 주는 사람이어야 합니다. 그는 잘 가르쳐야 하며, 술을 지나치게 좋아하

지 않으며, 난폭하지 않고 너그러우며, 쉽게 화를 내지 않으
며, 돈을 사랑하지 않는 사람이어야 합니다. 또한 자기 일을
잘 처리하며, 자녀들을 세심히 돌보며, 자녀들의 존경을 받
는 사람이어야 합니다. 자기 일조차 제대로 처리하지 못하
는 사람이 어떻게 하나님의 교회를 돌볼 수 있겠습니까? 신
앙을 가진 지 얼마 되지 않은 사람이 교회의 지도자가 되어
서는 안됩니다. 그가 그 직분으로 말미암아 자만해져서 마
귀의 발에 걸려 넘어질 수 있기 때문입니다. 또한 교회의 지
도자가 되려는 사람은 세상 사람들로부터도 좋은 평판을 받
아야 합니다. 그래야 마귀의 함정에 빠지지 않을 것입니다.
8-13 교회에서 섬기는 사람이 되려는 이들에게도 똑같은 기
준이 적용됩니다. 섬기는 이들은 신중하며, 남을 속이지 않
으며, 술을 흥청망청 마시지 않으며, 그저 얻는 것에만 관심
을 갖는 사람이 아니어야 합니다. 또한 믿음의 비밀 앞에 경
건하며, 자신의 직분을 이용해 이익을 도모하지 않는 사람
이어야 합니다. 먼저, 그들 스스로 자신을 증명해 보이게 하
십시오. 그것이 입증될 때, 그들에게 일을 맡기십시오. 여자
라고 해서 예외가 아니며, 똑같은 자격 요건을 갖춰야 합니
다. 신중하며, 신뢰할 만하며, 입이 험하지 않으며, 술을 지
나치게 좋아하지 않는 사람이어야 합니다. 교회에서 섬기는
이들은 배우자에게 헌신하며, 자녀들을 세심히 돌보며, 부
지런히 자기 일을 살피는 사람이어야 합니다. 이 섬김의 일
을 하는 사람들은 큰 존경을 받으며, 예수를 믿는 믿음의 참

자랑거리가 될 것입니다.

14-16 나는 곧 그대에게 가기를 바라지만, 지체될 경우를 대비해 이렇게 편지를 써 보냅니다. 그 이유는, 그대가 살아 계신 하나님의 교회이자 진리의 요새인 하나님의 가족 가운데서 일을 어떻게 처리해야 하는지 알려 주려는 것입니다. 그리스도인의 삶은, 우리의 이해를 훨씬 넘어서는 위대한 비밀이 아닐 수 없습니다. 다음 몇 가지 사실은 너무도 분명합니다.

> 그분은 사람의 몸으로 나타나시고
> 보이지 않는 성령에 의해 의롭다고 인정받으셨으며
> 천사들에게 보이셨습니다.
> 모든 사람 가운데 선포되므로
> 온 세상이 그분을 믿었고,
> 그분은 하늘 영광 속으로 들려 올라가셨습니다.

그대의 삶으로 가르치십시오

4 1-5 성령께서 분명히 말씀하시는 것처럼, 시간이 지나면서 몇몇 사람들이 믿음을 저버리고, 거짓을 일삼는 자들이 퍼뜨리는 마귀의 망상을 따를 것입니다. 이 거짓말쟁이들은 너무도 오랫동안 능숙하게 거짓을 말해 온 까닭에, 이제는 진리를 말할 능력조차 잃어버린 자들입니다. 그들은 결혼하지 말라고 할 것입니다. 또한 이러저러한 음

식을 먹지 말라고 할 것입니다. 사실, 그 음식은 하나님께서 분별 있는 신자들에게 감사함으로 마음껏 먹으라고 주신 더 없이 좋은 음식인데도 말입니다! 하나님이 지으신 모든 것이 선하니, 감사한 마음으로 받아야 할 것입니다. 멸시하며 내버릴 것이 하나도 없습니다. 지어진 모든 것이 하나님의 말씀과 우리의 기도로 거룩해집니다.

6-10 지금까지 그대는 믿음의 **메시지**로 양육받았고 건전한 가르침을 따랐습니다. 이제 그대는, 그곳에서 예수를 따르는 이들에게도 이 가르침을 전해 주십시오. 그러면 그대는 예수의 귀한 종이 될 것입니다. 신앙을 가장한 어리석은 이야기를 멀리하십시오. 하나님 안에서 날마다 훈련하십시오. 영적 무기력은 절대 금물입니다! 체육관에서 몸을 단련하는 것도 유익하지만, 하나님 안에서 훈련받는 삶은 훨씬 유익합니다. 그런 삶은 현재는 물론이고 영원토록 그대를 건강하게 해줄 것입니다. 이 말을 믿고 마음 깊이 새기십시오. 우리가 이 모험에 우리 자신의 전부를 내던진 것은 그 때문입니다. 우리는 모든 사람, 특히 모든 믿는 이들의 구주이신 살아 계신 하나님을 의지하고 있는 것입니다.

11-14 입을 열어 말하십시오. 이 모든 것을 가르치십시오. 아무도 그대가 젊다는 이유로 그대를 얕잡아 보지 못하게 하십시오. 그대의 삶으로 가르치십시오. 그대의 말과 행실과 사랑과 믿음과 성실함으로 믿는 이들을 가르치십시오. 그대에게 맡겨진, 성경을 읽는 일과 권면하는 일과 가르치는 일

을 계속하십시오. 교회 지도자들이 그대에게 안수하고 기도
하며 맡긴 사역, 그 특별한 은사에 먼지가 쌓이지 않도록 부
지런히 사용하십시오.

15-16 이 일에 전념하고 집중하십시오. 그러면 성숙해 가는
그대의 모습이 사람들 눈에 분명히 드러날 것입니다! 그대
의 성품과 그대의 가르침을 잘 살피십시오. 한눈팔지 마십
시오. 끝까지 힘을 내십시오. 그러면 그대는 물론이고, 그대
의 말을 듣는 사람들도 구원을 경험하게 될 것입니다.

성도를 대하는 자세

5 1-2 나이 많은 남자를 나무라거나 꾸짖지 마십시오.
그에게는 아버지를 대하듯 말하고, 젊은 남자에게는
형제를 대하듯 말하십시오. 나이 많은 여자에게는 어머니
를 대하듯 존중하고, 젊은 여자에게는 누이를 대하듯 존중
하십시오.

3-8 가난한 과부들을 보살피십시오. 어떤 과부에게 가족이
있어서 그녀를 돌볼 경우, 그들을 가르쳐서 그 가정에 신앙
심이 싹트고, 받은 사랑에 감사로 보답하게 하십시오. 이것
은 하나님이 크게 기뻐하시는 일입니다. 그대는 의지할 데
없는 참 과부에게 말하여, 모든 소망을 하나님께 두고 자신
의 쓸 것과 다른 사람의 쓸 것을 위해 하나님께 끊임없이 구
하게 하십시오. 그러나 사람들의 마음과 지갑을 털어 가는
과부가 있다면, 그런 사람과는 관계하지 마십시오. 사람들

에게 이런 것을 말해서, 그들이 확대 가족 안에서 바르게 처
신하게 하십시오. 누구든지 곤경에 처한 가족을 돌보지 않
는 사람은 믿음을 저버린 자입니다. 그것은 애초에 믿기를
거부하는 것보다 더 악한 행위입니다.

9-10 과부 몇 사람을 명단에 올려서, 구제하는 특별한 사역을
맡기십시오. 그리고 교회는 그들의 생활비를 지원해 주십시
오. 과부로 명단에 올릴 이는 예순 살이 넘어야 하고, 단 한
번 결혼한 사람이어야 합니다. 또한 자녀와 나그네와 지친
그리스도인과 상처 입고 어려움에 처한 사람들을 도운 일로
평판을 얻은 사람이어야 합니다.

11-15 젊은 과부는 명단에 올리지 마십시오. 그들은 구제하는
일로 그리스도를 섬기기보다는 남편을 얻으려는 마음이 강
해서, 명단에 이름이 오르자마자 곧바로 이름을 **빼려고** 할
것입니다. 그들은 자신들의 약속을 저버리고 점점 더 악화
되어, 수다와 험담과 잡담으로 시간을 낭비하기 쉽습니다.
나는 젊은 과부들이 재혼을 해서 아기를 낳고 가정을 돌봄
으로써, 헐뜯는 자들에게 흠잡힐 빌미를 주지 않기를 바랍
니다. 그들 가운데 몇 사람이 이미 곁길로 **빠져** 사탄을 좇아
갔습니다.

16 어떤 여자 그리스도인 집안에 과부들이 있거든, 그 교우
가 그들을 책임져야 할 것입니다. 그들이 교회에 짐이 되어
서는 안됩니다. 교회는 도움이 필요한 과부들을 보살피느라
이미 손이 모자라는 상태입니다.

❧

17-18 일을 잘하는 지도자들, 특히 설교하고 가르치는 일에 힘쓰는 지도자들에게는 보수를 지급하십시오. 성경에 이르기를, "일하는 소의 입에 망을 씌우지 말라"고 했고, "일꾼이 보수를 받는 것이 마땅하다"고 했습니다.

19 지도자에 대한 고발은, 두세 사람의 신뢰할 만한 증인에 의해 입증된 것이 아니면 귀담아듣지 마십시오.

20 어떤 사람이 죄에 빠지거든, 그 사람을 불러서 꾸짖으십시오. 그러면 그 사람처럼 하려고 하던 이들도 그렇게 해서는 안된다는 것을 곧바로 깨닫게 될 것입니다.

21-23 나는 하나님과 예수와 천사들의 지지를 받아 이런 지시들을 내립니다. 그대는 이것들을 실행에 옮기되, 치우치거나 편드는 일이 없게 하십시오. 사람들을 너무 성급하게 교회 지도자의 자리에 앉히지 마십시오. 어떤 사람이 심각한 죄에 연루되어 있거든, 부지중에라도 공범자가 되지 않도록 하십시오. 어떤 경우에도, 그대 자신을 꼼꼼히 살피십시오. 헐뜯는 자들이 뭐라고 하든 지나치게 걱정하지 마십시오. 포도주를 조금씩 사용하십시오. 포도주는 그대의 소화기능에도 효과가 있고, 그대를 괴롭히는 병에도 좋은 약입니다.

24-25 어떤 사람의 죄는 금세 드러나서, 곧장 법정으로 가야만 합니다. 어떤 사람의 죄는 한참이 지나서야 드러납니다. 선행도 마찬가지입니다. 어떤 선행은 즉각 드러나고, 어떤

선행은 당장은 아니더라도 언젠가는 드러나게 마련입니다.

6

1-2 누구든지 종으로 살아가는 사람은 묵묵히 참고 주인을 존경해야 합니다. 그렇게 해야, 세상 사람들이 그의 행실을 보고 하나님과, 우리의 가르침을 비난하지 않을 것입니다. 그리스도인을 주인으로 둔 종들은 더욱더 그러해야 합니다. 그들의 주인은 실제로 그들의 사랑하는 형제이니 말입니다!

돈에 대한 욕심

2-5 나는 그대가 이런 것들을 가르치고 설교하기 바랍니다. 다른 교훈을 가르치거나 우리 주 예수의 확실한 말씀과 경건한 교훈을 받아들이지 않는 지도자들이 있거든, 그들의 정체를 드러내 보이십시오. 그들은 무지한 허풍쟁이어서, 시기와 말다툼과 비방과 미심쩍은 소문으로 공기를 더럽히는 자들입니다. 결국에는 모함하는 말이 전염병처럼 퍼져서, 진리는 아득히 먼 기억이 되고 말 것입니다. 그들은 종교를 재빨리 한밑천 잡는 수단으로 생각합니다.

6-8 경건한 삶은 큰 유익을 가져다줍니다. 그것은 하나님 앞에서 그대 자신이 됨으로써, 단순한 삶 가운데서 누리는 넉넉함입니다. 우리는 이 세상에 빈손으로 왔으니 빈손으로 떠날 것입니다. 그러니 식탁에 음식이 있고 발에 신을 신발

이 있으면, 그것으로 족합니다.

9-10 그러나 지도자들이 사랑하는 것이 돈뿐이라면, 그들은
얼마 못 가서 자멸하고 말 것입니다. 돈에 대한 욕심은 괴로
움만 안겨 줄 뿐입니다. 그 길로 내려가다가 믿음에서 완전
히 벗어나서, 몹시 후회하며 사는 사람들이 더러 있습니다.

믿음 안에서 힘을 다해 달려가십시오

11-12 그러나 그대, 하나님의 사람 디모데여, 그대는 이 모든
것에서 벗어나십시오. 의로운 삶, 곧 경이롭고 믿음직스럽
고 사랑스럽고 꾸준하고 친절한 삶을 추구하십시오. 믿음
안에서 힘을 다해 열심히 달려가십시오. 영원한 생명, 곧 부
름받은 그대가 수많은 증인들 앞에서 뜨겁게 껴안은, 그 생
명을 붙잡으십시오.

13-16 나는 생명을 주시는 하나님 앞과, 본디오 빌라도 앞에
서 조금도 물러서지 않으신 그리스도 앞에서, 그대에게 명
령합니다. 이 계명을 글자 그대로 지키고, 느슨해지는 일이
없게 하십시오. 우리 주 예수 그리스도께서 가까이 오고 계
십니다. 그분은 정한 때에 나타나실 것입니다. 복되시고 의
심할 여지 없는 통치자이시며 지극히 높으신 왕, 지극히 높
으신 하나님께서 그분의 오심을 보증해 주셨습니다. 그분은
죽음이 건드릴 수 없는 유일하신 분이며, 누구도 가까이 할
수 없는 밝은 빛이십니다. 그분은 사람의 눈으로 본 적도 없
고, 볼 수도 없는 분이십니다! 그분께 영광과 영원한 주권이

있기를! 오, 그렇습니다.

¹⁷⁻¹⁹ 이 세상에서 부유하게 사는 사람들에게 명하여, 교만하지 말고, 오늘 있다가 내일이면 없어질 돈에 사로잡히지 말라고 하십시오. 그들에게 명하여, 우리에게 모든 것을 풍성히 주셔서 관리하게 하시는 하나님을 따르라고 말하십시오. 선을 행하고, 남을 돕는 일에 부유해지고, 아낌없이 베푸는 사람이 되라고 말하십시오. 그들이 그렇게 하면, 그들은 영원토록 무너지지 않을 보물창고를 짓고, 참된 생명을 얻게 될 것입니다.

²⁰⁻²¹ 오 나의 사랑하는 디모데여, 그대가 맡은 보화를 잘 지키십시오! 목숨을 걸고 지키십시오. 자칭 전문가라고 하는 자들이 종교를 두고 잡담하면서 일으키는 혼란을 피하십시오. 그러한 잡담에 사로잡힌 사람들은 믿음을 통째로 잃어버릴 수밖에 없습니다.

차고 넘치는 은혜가 그대를 지켜 주기를 바랍니다!

디모데후서

1 ¹⁻² 나 바울은, 그리스도를 위해 특별한 임무를 맡아서, 예수의 생명의 **메시지**에 담긴 하나님의 계획을 실행에 옮기고 있습니다. 내가 몹시 사랑하는 아들, 그대 디모데에게 이 편지를 씁니다. 우리 하나님과 그리스도께서 주시는 온갖 좋은 선물이 그대의 것이 되기를 바랍니다!

메시지를 위한 고난에 참여하십시오

³⁻⁴ 나는 기도하면서 그대의 이름을 떠올릴 때마다—실제로, 늘 그렇게 하고 있습니다만—그대로 인해 하나님께, 곧 내 조상의 전통을 따라 내가 목숨을 다해 섬기는 하나님께 감사를 드립니다. 특히 지난번에 있었던 눈물 어린 이별을 돌아보면서, 나는 그대가 몹시 그립습니다. 나는 기쁘게 그

대를 다시 만나게 될 날을 손꼽아 기다립니다.

5-7 그 소중한 기억을 떠올리자니, 그대의 진실한 믿음이 떠오르는군요. 그대의 믿음은 참으로 값진 믿음입니다. 그 믿음은 그대의 할머니 로이스에게서 어머니 유니게에게로 이어졌다가, 이제는 그대에게로 이어졌습니다! 그리고 내가 그대에게 안수하고 기도할 때, 그대가 받은 특별한 사역의 은사도 떠오르는군요. 그 은사를 계속 타오르게 하십시오! 하나님께서는 우리가 그분의 은사에 소심한 태도를 보이는 것을 바라지 않으십니다. 오히려 담대하게 받아들이고, 사랑으로 대하고, 민감하게 반응하기를 바라십니다.

8-10 그러니 부끄러워하지 말고, 우리 주님과 그분 때문에 감옥에 갇힌 나를 위해 변호하십시오. 우리와 함께 메시지를 위한 고난에 참여하십시오. 결국 우리는 하나님의 능력을 힘입어 앞으로 나아갈 뿐입니다. 하나님께서 먼저 우리를 구원하시고, 그 후에 이 거룩한 일로 우리를 불러 주셨습니다. 전에 우리는 이 거룩한 일과는 전혀 상관없는 사람들이었습니다. 이 일은 전적으로 그분께서 생각하신 것입니다. 우리가 아무것도 알지 못하던 오래전에, 하나님이 예수 안에서 우리를 위해 예비하신 선물입니다. 그러나 이제 우리는 압니다. 우리 구주께서 나타나신 이래로, 이보다 더 분명한 것은 없습니다. 그것은 죽음이 패하고, 생명이 끊임없이 타오르는 빛 가운데 굳건해졌다는 사실입니다. 이 모든 것이 예수의 사역을 통해 이루어졌습니다.

11-12 이것이 내가 설교자와 특사와 교사로 세움받아 전하는 **메시지입니다**. 이것은 내가 겪고 있는 모든 고난의 원인이기도 합니다. 그러나 나는 후회하지 않습니다. 나는 나의 근원이신 분, 곧 내가 믿는 하나님께서 내게 맡기신 일을 끝까지 완수하도록 보살펴 주실 것을 확신합니다.

13-14 그러니 그대는 내게 들은 대로, 그대의 일—그리스도 안에 뿌리내린 믿음과 사랑—을 포기하지 마십시오. 그 일은, 그대가 처음 내게서 들었던 때와 마찬가지로 지금도 옳은 일입니다. 우리 안에서 일하시는 성령께서 그대에게 맡겨 주신 것이니, 이 귀한 것을 잘 지키십시오.

15-18 그대는 아시아에 있는 모든 사람들은 물론이고, 부겔로와 허모게네마저 나를 버렸다는 것을 알고 있으리라 생각합니다. 그러나 하나님께서 오네시보로와 그의 가정에 복을 내리시기를 바랍니다! 나는 그의 집에서 기운을 얻은 적이 한두 번이 아니었습니다. 그는 내가 감옥에 갇힌 것을 조금도 부끄럽게 여기지 않았습니다. 그가 로마로 와서 처음 한 일은 나를 면회하는 것이었습니다. 그가 나를 대접한 것처럼, 마지막 날에 하나님께서 그를 선대해 주시기를 바랍니다. 그대가 나보다 더 잘 알고 있겠지만, 그는 에베소에서도 온갖 도움을 베풀었습니다.

하나님이 쓰실 그릇

2

1-7 그러므로 나의 아들이여, 그리스도를 위한 이 일에 그대 자신을 드리십시오. 온 회중이 "아멘!" 하고 말하는 가운데 그대가 내게서 들은 것을, 다른 사람을 가르칠 역량 있고 믿음직한 지도자들에게 전하십시오. 그대의 가는 길이 험할지라도, 예수께서 하셨던 것처럼 용감하게 참고 견디십시오. 복무중인 군인은 시장에서 사고파는 일에 마음을 빼앗기지 않습니다. 그는 명령을 수행하는 데만 정신을 쏟습니다. 규칙대로 경기하지 않는 선수는 절대로 승리하지 못합니다. 부지런한 농부가 농작물을 수확합니다. 내가 하는 말을 곰곰이 생각해 보십시오. 그러면 하나님께서 알기 쉽게 풀어 주실 것입니다.

8-13 예수 그리스도를 마음속에 굳건히 모시십시오. 그분은 다윗의 자손으로 나셔서, 죽은 자들 가운데 다시 살아나신 분입니다. 그대가 내게서 줄곧 들은 말씀이 그것입니다. 바로 그 말씀을 전하는 것 때문에 내가 지금 감옥에 갇혀 있습니다. 그러나 하나님의 말씀은 감옥에 갇히지 않습니다! 내가 이곳에서 참고 견디는 것도 그 때문입니다. 그것은 하나님의 부르심을 받은 모든 이들이, 그리스도의 구원을 그 모든 영광과 함께 얻게 하려는 것입니다. 다음 말씀은 확실합니다.

우리가 그분과 함께 죽으면 그분과 함께 살 것이고

우리가 그분과 함께 참고 견디면 그분과 함께 다스릴 것이고
우리가 그분을 부인하면 그분도 우리를 부인하실 것입니다.
우리는 그분을 버려도 그분께서 우리를 버리지 않으시리니,
그분은 자신에게 불성실하실 수 없기 때문입니다.

14-18 이것은 필수 사항이니, 하나님의 사람들에게 되풀이해
서 말해 주십시오. 하나님 앞에서 사람들에게 경고하여, 신
앙을 빙자한 트집 잡기를 못하게 하십시오. 그것은 믿음을
조금씩 갉아먹어, 모든 이들을 지치게 할 뿐입니다. 그대는
하나님을 위해 최선을 다하고, 그대가 부끄러워하지 않을
일, 곧 진리를 쉽게 풀어 분명하게 전하는 일에 집중하십시
오. 신앙을 내세운 잡담도 잡담일 뿐이니 멀리하십시오. 그
대도 아는 것처럼, 말은 그저 말로 그치는 것이 아닙니다.
경건한 삶이 뒷받침되지 않는 말은 독약처럼 영혼에 쌓이게
마련입니다. 후메내오와 빌레도가 그 본보기입니다. 진리에
서 멀리 떠난 그들은, 부활이 이미 지나갔다고 말하며 신자
들을 흔들리게 하고 있습니다.

19 그러나 하나님의 굳건한 기초는 예나 지금이나 흔들림이
없고, 거기에는 이런 문장이 새겨져 있습니다.

하나님께서는 자기에게 속한 사람을 아신다.
하나님을 하나님이라 부르는 너희 모든 사람들아, 악을
물리쳐라.

²⁰⁻²¹ 주방기구가 잘 갖춰진 부엌에는 고급 유리잔과 은접시만 있는 것이 아니라 쓰레기통과 음식물 찌꺼기를 담는 통도 있어서, 어떤 그릇은 멋진 음식을 담는 데 쓰이고 어떤 것은 쓰레기를 처리하는 데 쓰입니다. 그대는 하나님께서 쓰실 수 있는 그릇이 되십시오. 그러면 하나님께서 자기 손님들에게 온갖 종류의 복된 선물을 베푸시는 데 그 그릇을 사용하실 것입니다.

²²⁻²⁶ 젊음의 방종을 피하십시오. 하나님 앞에서 솔직하고 진실하게 기도하는 사람들과 함께 성숙한 의—믿음, 사랑, 평화—를 추구하십시오. 공허한 논쟁에 말려들지 마십시오. 그런 논쟁은 언제나 다툼으로 끝나기 때문입니다. 하나님의 종은 논쟁을 좋아하기보다는, 오히려 귀 기울여 듣는 사람과 침착한 교사가 되어야 합니다. 그래서 순종하지 않는 자들을 단호하면서도 참을성 있게 바로잡아 주어야 합니다. 하나님께서 언제 어떻게 그들의 마음을 일깨워 진리로 돌아서게 하실지, 마귀에게 사로잡혀 마귀의 심부름을 할 수밖에 없던 그들을 언제 어떻게 마귀의 덫에서 벗어나게 하실지, 그대는 알 수 없기 때문입니다.

마지막 때

3

¹⁻⁵ 순진하게 속아 넘어가지 마십시오. 힘든 시기가 다가오고 있습니다. 마지막 때가 다가오면, 사람들이 자기만 알고, 돈을 사랑하고, 으스대고 거만하며, 하나

님을 모독하고, 부모를 무시하고, 버릇없이 굴고, 상스럽게 행동하고, 죽기살기로 경쟁하고, 고집을 부리고, 남을 헐뜯고, 난폭하고, 잔혹하고, 남을 비꼬고, 배반하고, 무자비하고, 허풍을 떨고, 정욕에 빠지고, 하나님을 몹시 싫어할 것입니다. 겉으로는 경건한 척하지만, 그들 속에는 짐승이 들어앉아 있습니다. 그대는 그러한 자들을 멀리하십시오.

6-9 저들은 생활이 불안정하고 가난한 여자들 집으로 들어가서, 그럴듯한 말로 꾀어서 그들을 이용합니다. 그러면 그 여자들은 죄에 짓눌린 나머지, "진리"를 자처하는 모든 일시적인 종교적 유행을 받아들입니다. 그 여자들은 매번 이용당하기만 할 뿐, 실제로는 배우는 것이 하나도 없습니다. 저들은 옛적에 모세에게 대항하던 이집트 사기꾼 얀네와 얌브레와 같은 자들입니다. 저들은 믿음에서 낙오한 자들이며, 그릇된 생각을 하고 진리를 무시하는 자들입니다. 최근에 등장한 저 사기꾼들에게서는 아무것도 얻을 것이 없습니다. 사람들이 이집트 사기꾼들을 꿰뚫어 보았듯이, 모든 사람이 저들도 꿰뚫어 볼 것입니다.

메시지를 살아 있게 하십시오

10-13 그대는 나의 훌륭한 제자였습니다. 나의 가르침, 생활방식, 행동지침, 믿음, 끈기, 사랑, 인내, 수고, 고난을 함께했습니다. 그대는 내가 안디옥과 이고니온과 루스드라에서 온갖 불행 가운데 겪어야 했던 고난에도 함께했습니다. 또

한 그대는 하나님께서 나를 건져 주셨다는 것을 잘 알고 있습니다! 누구든지 그리스도를 위해 살려고 하는 사람은 많은 고난을 겪게 마련입니다. 그 고난을 피할 수 없습니다. 파렴치한 사기꾼들은 계속해서 믿음을 이기적으로 이용해 먹을 것입니다. 저들은 자신들 때문에 길을 잃은 사람들과 같이, 그 자신들도 속아 넘어갈 것입니다. 저들이 활보하는 한, 사태는 점점 더 악화될 뿐입니다.

14-17 그러나 저들의 일로 당황하지 말고, 그대가 배워서 믿은 것을 굳게 붙잡으십시오. 그대는 그대를 가르친 스승들의 고상한 성품을 잘 알고 있습니다. 왜 아니겠습니까! 그대는 어머니의 품에서 젖을 먹을 때부터 거룩한 성경을 받아들였으니 말입니다! 그리스도 예수를 믿는 믿음으로 말미암아 구원에 이르는 길을 보여주는 것은, 오직 기록된 하나님의 말씀 외에는 없습니다. 성경의 모든 부분에는 하나님의 숨결이 깃들어 있어 모든 면에서 유익합니다. 우리에게 진리를 보여주고, 우리의 반역을 드러내며, 우리의 실수를 바로잡아 주고, 우리를 훈련시켜 하나님의 방식대로 살게 합니다. 우리는 말씀을 통해 온전해지며, 하나님께서 우리를 위해 마련하신 일을 이루어 가게 됩니다.

4 1-2 그대에게 이 점을 아무리 강조해도 지나치지 않을 것 같군요. 하나님께서 그대를 지켜보고 계십니다.

그리스도야말로 모든 산 자와 죽은 자에게 최종 판결을 내리
시는 재판장이십니다. 그분께서 그의 통치를 펼치려고 하시
니, 그대는 메시지를 힘차게 선포하십시오. 마음을 놓지 마
십시오. 그대의 사람들을 자극하고 훈계하고 설득하십시오.
절대로 멈추지 마십시오. 그 일을 단순하게 지속하십시오.

3-5 그대는 사람들이 건전한 가르침을 싫어하고, 영적 불량
식품—자신들의 기호에 맞는 변덕스러운 의견—으로 배를
채우려고 할 때가 온다는 것을 알게 될 것입니다. 저들은 진
리를 등지고 헛된 망상을 좇을 것입니다. 그러나 그대는 하
고 있는 일에 시선을 고정하여, 좋은 시기든 힘든 시기든 메
시지를 살아 있게 하며, 하나님의 일꾼으로 그대의 일을 빈
틈없이 하십시오.

6-8 그대가 이어받으십시오. 나의 죽을 날이 가까웠고, 나의
생명은 하나님의 제단에 제물로 드려졌습니다. 이것은 참으
로 달려 볼 가치가 있는 유일한 경주입니다. 나는 열심히 달
려서 이제 막 결승점에 이르렀고, 그 길에서 믿음을 지켰습
니다. 이제 남은 것은 환호소리, 곧 하나님의 박수갈채뿐입
니다! 그것을 믿으십시오. 하나님은 공정한 재판장이십니
다. 그분께서 나뿐 아니라, 그분의 오심을 간절히 기다리는
모든 이들에게도 공정하게 대해 주실 것입니다.

❧

9-13 그대는 할 수 있는 한 속히 내게로 오십시오. 데마는 덧

없는 유행을 좇다가, 나를 이곳에 버려두고 데살로니가로 갔습니다. 그레스게는 갈라디아에 있고, 디도는 달마디아에 있습니다. 누가만 나와 함께 이곳에 있습니다. 그대는 올 때 마가를 데려오십시오. 내가 두기고를 에베소에 보내고 나면, 마가가 나의 오른팔이 될 것입니다. 내가 드로아에 있는 가보의 집에 두고 온 겨울 외투를 가져오고, 책과 양피지 수첩들도 가져오십시오.

14-15 구리 세공업자 알렉산더를 조심하십시오. 그는 우리가 전한 **메시지**를 심히 반대하며, 끝없이 문제를 일으킨 자입니다. 하나님께서 그가 행한 대로 갚아 주실 것입니다.

16-18 내가 예심을 받으러 첫 번째 법정에 섰을 때, 내 곁에는 아무도 없었습니다. 다들 겁먹은 토끼처럼 달아났습니다. 그러나 그것은 아무 문제가 되지 않았습니다. 주께서 내 곁에 계시면서, 나로 하여금 **메시지**를 알지 못한 사람들에게 크고 분명한 목소리로 **메시지**를 전하게 하셨기 때문입니다. 내가 사자의 입에서 건짐을 받았던 것입니다! 하나님께서 하늘나라에 들어가도록 나를 보살피시고 안전하게 지켜 주고 계십니다. 그분께 온갖 찬양을, 영원토록 찬양을! 오, 그렇습니다!

19-20 브리스길라와 아굴라에게 안부를 전해 주십시오. 오네시보로의 가족에게도 안부를 전해 주십시오. 에라스도는 고린도에 남아 있습니다. 드로비모는 아파서 밀레도에 남겨 두었습니다.

²¹ 그대는 겨울이 오기 전에 이곳에 올 수 있도록 힘쓰십시오. 으불로와 부데와 리노와 글라우디아와 그대의 모든 벗들이 이곳에서 문안합니다.

²² 하나님께서 그대와 함께하시기를, 은혜가 그대와 함께하기를 바랍니다.

디도서

1 ¹⁻⁴ 나 바울은, 하나님이 택하신 사람들 가운데 믿음
을 일깨우고, 하나님의 말씀을 정확히 전달하며, 그
말씀에 바르게 응답하도록 하기 위해 임명된 하나님의 종
이자 그리스도의 대리인입니다. 나의 목표는 영원한 생명
에 이르는 길을 제시하여 소망을 일으키는 것입니다. 이 생
명은 하나님께서 오래전에 약속해 주신 것입니다. 하나님은
약속을 어기시는 분이 아닙니다! 때가 무르익자, 그분께서
는 자신의 진리를 공표하셨습니다. 나는 우리 구주 하나님
의 명령으로 이 메시지를 선포하는 일을 맡았습니다. 믿음
안에서 합법적으로 아들이 된 사랑하는 디도에게 말합니다.
하나님 우리 아버지와 우리 구주 예수께서 그대에게 주시는
모든 것을 받아들이십시오!

크레타에서의 디도의 사역

5-9 내가 그대를 크레타에 남겨 둔 것은, 내가 마무리하지 못한 일을 그대가 마무리하게 하려는 것입니다. 내가 지시한 대로 각 성읍의 지도자를 임명하십시오. 그들을 뽑을 때는, 다른 사람들에게 "이 사람은 평판이 좋습니까? 아내에게 헌신합니까? 자녀들도 신자입니까? 자녀들은 그를 존경하고 말썽을 피우지는 않습니까?" 하고 물어보십시오. 하나님의 집안일을 책임지는 교회 지도자는 존경받는 사람이어야 합니다. 그는 고집을 부리지 않고, 쉽게 화를 내지 않으며, 술을 지나치게 좋아하거나, 폭력을 행사하거나, 돈을 사랑하는 자가 아니어야 합니다. 그는 사람들을 환대하고, 도움을 베풀며, 지혜롭고, 공정하고, 공손하고, 자신을 잘 알고, **메시지를 잘 이해하고**, 사람들이 진리를 알도록 격려할 줄 알고, 진리에 반대하는 자들을 제지할 줄 알아야 합니다.

10-16 교회 밖에는 반항적인 사람들, 곧 느슨하고 난잡하며 속이는 자들이 많습니다. 종교적으로 자라서 남보다 더 많이 안다고 하는 자들이 최악입니다. 그들의 입을 다물게 해야 합니다. 그들은 자신들의 가르침으로 가정들을 송두리째 붕괴시킵니다. 모두 재빨리 한밑천 잡으려고 합니다. 그들의 예언자들 가운데 한 사람이 그것을 가장 잘 표현했습니다.

크레타 사람들은 태어날 때부터 거짓말쟁이,
짖어 대는 개, 게으른 먹보들이다.

이 예언자는 사실을 정확히 표현한 것입니다. 그들을 당장 꾸짖으십시오. 유대인인 척하는 자들의 지어낸 몹쓸 이야기나 그들이 만들어 낸 규정들을 막아서, 그들이 확고한 믿음을 회복하게 하십시오. 마음이 깨끗한 사람들에게는 모든 것이 깨끗하지만, 마음이 더럽고 믿지 않는 자들에게는 깨끗한 것이 하나도 없습니다. 그들의 모든 생각과 행위에는 그들의 더러운 지문이 찍혀 있습니다. 그들은 하나님을 안다고 말하지만, 오히려 말보다 행위가 더 역겹습니다. 그들은 참으로 가증스러운, 완고하고 변변치 못한 자들입니다.

하나님으로 충만한 삶

2 1-6 그대의 임무는 견고한 교훈에 어울리는 말을 하는 것입니다. 나이 많은 남자들을 인도하여, 절제와 위엄과 지혜와 건강한 믿음과 사랑과 인내의 삶을 살게 하십시오. 나이 많은 여자들을 공경의 삶으로 인도하여, 험담이나 술주정을 그치고 선한 일의 본보기가 되게 하십시오. 그러면 젊은 여자들이 그들을 보고, 남편과 자녀를 어떻게 사랑해야 하는지, 고결하고 순결한 삶을 살려면 어떻게 해야 하는지, 집안 살림을 잘하려면 어떻게 해야 하는지, 좋은 아내가 되려면 어떻게 해야 하는지를 알게 될 것입니다. 우리는 그들의 행실 때문에 하나님의 **메시지**를 멸시하는 사람이 하나도 없기를 바랍니다. 또한 그대는 젊은 남자들을 지도하여, 잘 훈련된 삶을 살게 하십시오.

7-8 그대는 몸소 실천하여 이 모든 것을 보여주고, 가르치는 일을 순수하게, 말은 믿음직하고 건전하게 하십시오. 그러면 우리에게 정면으로 대적하던 자들도 수상한 점이나 잘못된 점을 찾지 못하고, 결국 마음을 고쳐먹게 될 것입니다.

9-10 종들을 지도하여 성실한 일꾼이 되게 하고, 그들의 주인들에게 기쁨이 되게 하십시오. 말대꾸나 자그마한 도둑질도 못하게 하십시오. 그러면 그들의 성품이 좋게 바뀌어 행실로 밝히 드러나고, 우리 구주 하나님의 가르침을 더욱 빛나게 할 것입니다.

11-14 기꺼이 베푸시고 용서하시는 하나님의 은혜가 이제 밝히 드러났습니다. 구원의 길이 누구에게나 열렸습니다! 우리는 하나님을 모르는 방탕한 삶에서 돌아서서, 하나님으로 충만한 삶, 그분께 영광을 돌려드리는 삶을 살려면 어떻게 해야 하는지를 목격하고 있습니다. 이제 이 새로운 삶이 시작되어, 우리로 하여금 위대하신 하나님과 구주 예수 그리스도께서 나타나실 영광스러운 날을 소망하게 합니다. 예수 그리스도께서 자기 자신을 희생 제물로 내어주신 것은, 우리를 반역의 어두운 삶에서 해방시켜 선하고 순결한 삶으로 이끄시고, 우리로 그분의 자랑스러운 백성, 곧 선한 일에 열심을 내는 백성이 되게 하시려는 것입니다.

15 그대는 이 모든 것을 사람들에게 말하십시오. 그들의 사기를 높여 주되, 그들이 가던 길에서 벗어나거든 징계하십시오. 그대가 바로 책임자입니다. 아무도 그대를 업신여기

지 못하게 하십시오.

우리 삶을 조화롭게 하신 구주 하나님

3 ¹⁻² 그대는 사람들에게 일러서 정부를 존중하고, 법을 준수하고, 언제나 도움의 손길을 베풀 준비를 갖추게 하십시오. 무례한 짓을 하지 못하게 하고, 다투지 않게 하십시오. 하나님의 백성은 마음이 넓고 품위가 있어야 합니다.

³⁻⁸ 얼마 전까지만 해도 우리 역시 어리석고, 완고하고, 죄에 쉽게 넘어가며, 온갖 욕망의 지배를 받고, 원한을 품은 채 돌아다니며, 서로 미워하면서 살았습니다. 그러나 우리의 인자하시고 사랑이 많으신 구주 하나님이 개입하셔서, 그 모든 것으로부터 우리를 구해 주셨습니다. 이 일은 전적으로 그분께서 하신 일이었습니다. 우리가 한 일은 아무것도 없었습니다. 그분께서 우리를 깨끗게 씻어 주셨고, 우리는 그 일로 말미암아 새 사람이 되었습니다. 성령께서 우리를 속속들이 씻어 주신 것입니다. 우리 구주 예수께서 새 생명을 아낌없이 부어 주셨습니다. 하나님의 선물이 그분과 우리의 관계를 회복시켜 주었고, 우리의 삶도 회복시켜 주었습니다. 그리고 장차 더 나은 삶이 다가올 텐데, 그것은 다름 아닌 영원한 생명입니다! 그대는 이 말을 믿어도 좋습니다.

⁸⁻¹¹ 나는 그대가 단호하게 행동하기를 바랍니다. 이런 문제들을 분명하게 처리하여, 하나님을 믿는 사람들이 누구에게

나 유익한 본질적인 일에 전념하게 하십시오. 족보와 율법의 세부 조항을 따지는 어리석고 부적절한 말다툼을 피하십시오. 그런 일은 아무 유익이 없습니다. 다툼을 일삼는 사람이 있거든, 한두 번 타이른 뒤에 손을 떼십시오. 그런 사람은 제멋대로 굴다가 하나님께 반역할 것이 분명합니다. 그런 사람은 계속해서 불화를 일으키다가 스스로 고립될 뿐입니다.

12-13 내가 조만간 아데마나 두기고를 그대에게 보내거든, 그대는 곧 니고볼리로 와서 나를 만나십시오. 나는 거기에서 겨울을 나기로 정했습니다. 율법 교사인 세나와 아볼로를 따뜻하게 배웅해 주십시오. 그들을 잘 돌봐 주십시오.

14 우리 교우들도 필요한 것을 (특히 가난한 사람들 사이에) 마련해 줄 수 있도록 부지런히 일하는 것을 배워야 합니다. 그렇게 해야, 사는 동안 아무 열매 없이 생을 마감하는 일이 없게 될 것입니다.

15 이곳에 있는 모든 사람들이 안부를 전합니다. 믿음 안에서 우리의 벗들에게 안부를 전해 주십시오. 은혜가 여러분 모두에게 있기를 바랍니다.

빌레몬서 | 머리말

하나님께 반응하는 우리의 모든 행동은 가정과 이웃과 친구와 공동체에 영향을 미친다. 하나님을 믿는 믿음은 우리의 언어를 변화시킨다. 하나님을 사랑하면 일상의 관계도 영향을 받는다. 하나님께 소망을 두면 우리의 일에도 소망이 찾아든다. 하지만 이것과 상반되는 가치들, 이를테면, 불신과 냉담, 절망도 마찬가지로 우리 삶에 영향을 미친다. 이러한 움직임과 반응, 믿음과 기도, 태도와 추구 가운데 그 어느 것도 영혼에만 머무르는 것은 하나도 없다. 그것들은 현실에서 역사를 만들기도 하고 뒤엎기도 한다. 만일 그렇지 않다면, 기껏해야 환상이거나 최악의 경우 위선이라는 혐의를 벗지 못할 것이다.

　그리스도인들은 언제나 예수의 역사성을 주장해 왔다. 그분이 실제로 이 땅에서 태어나셨고, 그분이 죽으신 날짜를 추정할 수 있으며, 그분의 부활을 증거하는 증인들이 있고, 그분이 다니셨던 마을도 지도에서 찾을 수 있다. 예수를 따르는 이들에게도 유사한 역사성이 나타난다. 그들이 예수께서 말씀하시고 행하신 모든 것, 곧 일정한 시간과 공간 속에

서 일어난 하나님의 인격적 계시를 받아들일 때, 그 모든 것
이 각 나라의 역사는 물론이고 세계사 속으로 침투해 들어
가 역사(役事)한다.

바울은 그의 편지에서 오네시모의 주인이자 동료 그리스
도인인 빌레몬에게, 도망쳤던 종 오네시모를 돌려받는 것에
그치지 말고 맞아 주라고 부탁한다.

그대에게 이 편지를 직접 전하는 오네시모가 바로 그 아
들입니다! 그가 전에는 그대에게 무익한 사람이었으나,
이제는 그대와 나에게 유익한 사람이 되었습니다. 나는
그를 그대에게 돌려보내려고 합니다. 그렇게 하려니, 마
치 내 오른팔을 잘라 내는 것만 같습니다.······그러므로
그대가 여전히 나를 믿음의 동지로 여긴다면, 나를 맞이
하듯이 그를 맞아 주십시오(몬 10-12절, 17절).

빌레몬과 오네시모는 예수를 믿는 믿음이 자신들을 급진적
인 사회 변혁으로 이끈다고는 전혀 생각지 못했다. 그러나
두 사람이 이 편지를 통해 맺어지면서, 그 일이 이루어졌다.
그리고 그러한 일은 지금도 계속되고 있다.

빌레몬서

¹⁻³ 그리스도를 위해 감옥에 갇힌 나 바울은, 나의 형제 디모데와 함께 이곳에 있습니다. 나는 나의 좋은 벗이자 동료인 그대 빌레몬과 우리의 자매인 압비아와 참된 용사인 아킵보, 그리고 그대의 집에서 모이는 교회에 이 편지를 씁니다. 하나님께서 주시는 가장 좋은 것이 여러분에게 있기를, 그리스도께서 주시는 복이 여러분에게 있기를 바랍니다!

⁴⁻⁷ 나는 기도할 때마다 그대의 이름을 떠올리며 "오 하나님, 감사합니다!" 하고 고백합니다. 주 예수를 향한 그대의 사랑과 믿음이 다른 믿는 이들에게까지 넘쳐흐르고 있다는 소식이 계속해서 들려옵니다. 나는 우리가 함께 붙든 이 믿음이, 우리가 행하는 모든 선한 일 속에서 끊임없이 드러나기를 기도합니다. 그리하여 사람들이 그 가운데 계신 그리스

도를 알아보기를 계속해서 기도합니다. 친구여, 그대의 사
랑으로 인해 내가 얼마나 행복한지 그대는 모를 것입니다.
믿는 동료들을 환대하는 그대의 모습을 볼 때면, 나의 기쁨
은 두 배가 된답니다.

종이 친구가 되었습니다

8-9 그런 그대에게 나는 한 가지 부탁을 하려고 합니다. 그리
스도의 대사이며 그분을 위해 감옥에 갇힌 나는, 필요하다
면 주저 없이 명령할 수도 있지만, 그보다는 그대에게 개인
적인 부탁을 하려고 합니다.

10-14 이곳 감옥에 있으면서, 나는 아들을 하나 얻었습니다.
그대에게 이 편지를 직접 전하는 오네시모가 바로 그 아들
입니다! 그가 전에는 그대에게 무익한 사람이었으나, 이제
는 그대와 나에게 유익한 사람이 되었습니다. 나는 그를 그
대에게 돌려보내려고 합니다. 그렇게 하려니, 마치 내 오른
팔을 잘라 내는 것만 같습니다. 메시지를 위해 감옥에 갇혀
있는 동안, 나는 최악의 경우 그를 이곳에 남게 하여, 그대
를 대신해서 나를 돕게 하고 싶었습니다. 그러나 나는 그대
에게 비밀로 한 채 아무것도 하고 싶지 않았고, 아무리 선한
일이라도 그대가 기꺼이 승낙하지 않으면 그대에게 억지로
시키고 싶지 않았습니다.

15-16 그대가 잠시 그를 잃어버린 것은 참 잘된 일이었던 것
같습니다. 이제 그를 영원히 돌려받게 되었으니 말입니다.

게다가 이제 그는 종이 아니라, 참된 그리스도인 형제입니다! 그가 내게 참된 그리스도인 형제였으니, 그대에게는 더욱더 그러할 것입니다.

17-20 그러므로 그대가 여전히 나를 믿음의 동지로 여긴다면, 나를 맞이하듯이 그를 맞아 주십시오. 그가 그대에게 손해를 입혔거나 빚을 진 것이 있거든, 내 앞으로 달아 두십시오. 나 바울이 이렇게 친필로 서명합니다. 내가 그것을 갚겠습니다. (그대가 내게 생명을 빚지고 있음을 굳이 일깨우지 않아도 되겠지요?) 친구여, 나의 이 큰 부탁을 들어주기 바랍니다. 그대가 그를 맞아 준다면, 그것은 그리스도를 위하는 일이며, 내 마음에도 큰 기쁨이 될 것입니다.

21-22 나는 그대를 잘 아니, 그대는 내 부탁을 들어줄 것입니다. 그대는 내가 이 편지에 쓴 것 이상으로 해줄 것입니다. 그리고 나를 위해 방을 하나 마련해 주십시오. 여러분의 기도로, 내가 다시 여러분의 손님이 될 수 있기를 간절히 바랍니다.

23-25 그리스도를 위해 나와 함께 갇힌 에바브라가 안부를 전합니다. 나의 동역자인 마가와 아리스다고와 데마와 누가도 안부를 전합니다. 주 예수 그리스도께서 주시는 온갖 좋은 것이 여러분에게 있기를 바랍니다!